beck'sche
reihe

b'sr'

Eine Beziehung einzugehen ist eines der normalsten Dinge der Welt, in ihr dauerhaft glücklich sein zu können stellt sich hingegen für viele Menschen als sehr viel schwieriger dar. So vielfältig und kompliziert viele Paarkrisen im einzelnen auch sein mögen, so sind doch sehr viele von ihnen dadurch gekennzeichnet, daß es für die Partner ab einem bestimmten Zeitpunkt nicht mehr möglich ist, die Krise aus eigener Kraft zu bewältigen. Die Erfahrung, keinen von beiden Seiten akzeptierten Weg zur Lösung des Problems zu finden, läßt die eigentliche Beziehungskrise als noch belastender empfinden: Die Betroffenen stehen unter einem immer stärker werdenden Dauerstreß. Je massiver sie nach einer Lösung ihrer Krise suchen und ihrer bedürfen, desto weniger greifbar scheint diese zu sein. Spätestens in diesem Moment bietet die professionelle Hilfe von außen, häufig die eines Paartherapeuten oder einer Paartherapeutin, oft die einzige Möglichkeit, einen Lösungsweg zu finden.

Doch was ist eigentlich eine „normale" Beziehung? Was wissen wir darüber? Ab welchem Zeitpunkt kann man von einer gestörten Ehe oder Beziehung sprechen, und welche Möglichkeiten der professionellen Hilfe, insbesondere der Paartherapie, gibt es? Dieses Buch gibt einen Überblick über die kulturellen, biologischen und psychologischen Grundlagen der Paarbeziehung, es erläutert die Möglichkeiten und Ziele der Paartherapie und beschreibt an konkreten Beispielen das therapeutische Vorgehen.

Dirk Revenstorf ist Professor für Klinische Psychologie an der Universität Tübingen, Vorstandsmitglied der Milton Erickson Gesellschaft (Deutschland) und Gründungsmitglied der Deutsch-Chinesischen Akademie für Psychotherapie. Neben der Therapieforschung arbeitet er derzeit hauptsächlich auf den Gebieten der Hypnose und der Paartherapie.

Dirk Revenstorf

Wenn das Glück zum Unglück wird

Psychologie der Paarbeziehung

Verlag C. H. Beck

Mit 7 Abbildungen und 9 Tabellen

Die Deutsche Bibliothek – CIP-Einheitsaufnahme

Revenstorf, Dirk:
Wenn das Glück zum Unglück wird : Psychologie der
Paarbeziehung / Dirk Revenstorf. – Orig.-Ausg. – München :
Beck, 1999
   (Beck'sche Reihe ; 1333)
   ISBN 3 406 42133 4

Originalausgabe
ISBN 3 406 42133 4

Umschlagentwurf: +malsy, Bremen
Umschlagabbildung: Tony Stone Bilderwelten / Kellie Walsh
© C.H. Beck'sche Verlagsbuchhandlung (Oscar Beck), München 1999
Satz: Freiburger Graphische Betriebe
Druck und Bindung: C.H. Beck'sche Buchdruckerei, Nördlingen
Gedruckt auf säurefreiem, alterungsbeständigem Papier
(hergestellt aus chlorfrei gebleichtem Zellstoff)
Printed in Germany

*Für Mohani,
Brunnen der Liebe*

Inhalt

Danksagung	9
Vorbemerkung	11
I. Einleitung	13
1. Was bedeutet heute Psychotherapie?	14
2. Was bedeutet Veränderung?	16
3. Zusammenfassung	22
II. Anthropologie der Paarbeziehung	24
1. Natur und Kultur	24
2. Matriarchat und Patriarchat	27
3. Inzest und Inzestverbot	32
4. Zusammenfassung	35
III. Entwicklung	38
1. Emotionale Entwicklung	38
2. Kindliche Entwicklung und Partnerwahl	43
3. Familienzyklen	47
4. Zusammenfassung	53
IV. Sexualität	57
1. Kulturelle Normen	57
2. Sexualität von Frau und Mann	60
3. Sexualstörungen	64
4. Zusammenfassung	65
V. Liebe	67
1. Leidenschaftliche Liebe	67
2. Dauerhafte Liebe	75
3. Zusammenfassung	81

VI. Paartherapie	84
1. Beziehungen und Regeln	84
2. Regeln verändern	88
3. Handeln: Berührung und Gegenseitigkeit	93
4. Verständigung: Worte und Gesten	100
5. Irrationale Gedanken und Schuldzuweisung	113
6. Gefühle: Spontaneität und Rollenzwang	119
7. Unbewußtes: Traum und Trance	125
8. Zusammenfassung	134
VII. Schluß	141
1. Wie wirksam ist Paartherapie?	141
2. Einzel- oder Paartherapie?	143
3. Prävention: Vorbeugung des Verfalls	144
4. Scheidung: Polygamie auf Raten	145
5. Spiritualität	148
Literatur	151
Verzeichnis der Abbildungen und Tabellen	157
Verzeichnis der Fallbeispiele	157
Sachregister	158

Danksagung

Die Niederschrift des Buches hat länger gedauert, als ich vermutet habe. Dadurch hatte ich aber auch Gelegenheit, von verschiedenen Kollegen und Freunden Rat einzuholen. Ich möchte an dieser Stelle besonders Herrn Dr. Meyer vom Verlag C. H. Beck für seine wohlwollende Begleitung der Arbeit und Renate Haubold für ihre kritische Lektüre und viele Verbesserungsvorschläge herzlich danken. Professor Dr. Tinneberg hat mir mit seinen Anmerkungen zum Kapitel über die Sexualität geholfen. Die Diskussionen mit Elsbeth Freudenfeld haben mein Verständnis des Stoffes wesentlich vertieft. Angelika Schlarb hat unverzagt geholfen, die vielen technischen Probleme bei der Herstellung des Manuskripts zu überwinden.

Tübingen, im Sommer 1999 *Dirk Revenstorf*

Vorbemerkung

Therapie soll helfen, Probleme, die das Wohlbefinden einschränken, zu überwinden. Oft wird dabei übersehen, daß die Therapieziele indirekt durch Normen und Wertvorstellungen geprägt sind. Daß wir im Alltag angstfrei, gut gelaunt, sozial kompetent und leistungsfähig sein möchten, scheint universell akzeptiert und wird – von einer hedonistischen Grundhaltung ausgehend – auch nach kritischer Reflexion von den meisten Menschen angestrebt. Leistungsverzicht und Pessimismus oder Leidensbereitschaft sind zwar genausogut zu rechtfertigen, erscheinen jedoch einem Europäer oder US-Amerikaner eher behandlungsbedürftig. Für die karmische Betrachtungsweise der Inder dagegen ist Leiden eine Kompensation für Missetaten aus einem früheren Leben und bedarf keiner Therapie (Varma, 1982). Aus taoistischer Sicht ist der Mensch ein Teil der Natur, und für einen Chinesen ist es viel wichtiger, sich in den Kosmos einzufügen, als sich durch widrige Umstände der Lebensbewältigung herausgefordert zu fühlen (Lee, 1995).

Viel deutlicher als in der Einzeltherapie wird die kulturelle Prägung, wenn es um die Bestimmung einer „normalen" Beziehung geht. Zunächst: Kann man überhaupt von Ehe-Therapie sprechen? Gibt es eine Therapie ohne Pathologie, und was wäre die Pathologie der Zweierbeziehung? In den Kapiteln III bis V wird versucht, gestörte Bindungsmuster in Paarbeziehungen herauszuarbeiten und je mit der individuellen Entwicklung des Partners zu verknüpfen, um so den Ausdruck „Therapie" zu rechtfertigen. Aber mehr als die seelische Gesundheit des Individuums, die man mit Merkmalen wie Leistungsfähigkeit, soziale Kompetenz, Angstfreiheit, gute Laune umschreiben kann, ist der Begriff der „heilen" Beziehung mit den Worten Liebe und Glück verknüpft. Was aber ist Glück in der Liebe?

Nach M. L. Möller (1996) ist „Liebe ein Kind der Freiheit". Doch was ist Freiheit? Darüber besteht weniger Konsens, und subjektiv gefärbte Wertvorstellungen haben reichlich Gelegenheit, sich einzuschleichen. Für Mitglieder einer individualistischen Gesellschaft ist Freiheit unverzichtbar. Ist dann aber die Freiheit zu sexuellem Vergnügen eine Voraussetzung für Glück in der Beziehung? Oder ist es Freiheit von dem Treuegebot? Können außereheliche Beziehungen auch Folge einer glücklichen Beziehung sein? Ist Eifersucht Teil einer glücklichen Beziehung oder eher Indikator eines Mangels? Kann man Scheidung als Lösung von einer unglücklichen Beziehung akzeptieren? Wenn der Therapeut solche Themen für sich geklärt hat, wird er merken, wo er an seine Grenzen stößt. Wenn er sich darüber unklar ist, wird er versuchen, diese Punkte an seinen Patienten zu klären, und vergessen, andere als seine eigenen heimlichen Bedingungen des Glücks zu respektieren.

Bedingungen einer glücklichen Beziehung sind kulturell geprägt. Würde ein europäischer Therapeut akzeptieren, daß der Ehemann einen beträchtlichen Teil seines Feierabends mit seinen Arbeitskollegen im Karaoke-Lokal verbringt, wie es für Japaner natürlich erscheint? Würde einem westlichen Beobachter die Art, wie Chinesen Bindung, Verpflichtungen und Nähe gegenüber der Familie empfinden, nicht als übertrieben symbiotisch vorkommen, wenn Toilettentüren nicht einmal in der Öffentlichkeit üblich sind? Oder würde ein mexikanischer Mann einem deutschen Therapeuten nicht lieblos erscheinen, der nach der Eheschließung seine Frau als asexuelle Hausfrau und Mutter im „großen Haus" betrachtet und bald mit einer Geliebten ein „kleines Haus" aufmacht und im übrigen seine Verehrung seiner Mutter zukommen läßt? Was im großen gilt, trifft auch im kleinen zu. Glück und Unglück sind aus dem Wertesystem und der Geschichte der Individuen bestimmt, die eine Beziehung eingehen. Wenn er diese Relativität berücksichtigt, ist der Therapeut besser imstande, die nötige innere Distanz zu entwickeln.

Um den Blickwinkel für Wertungen und unterschiedliche Sichtweisen zu erweitern, werden in den Kapiteln II, IV und V Begriffe wie Liebe und Sexualität in ihren biologischen, anthropologischen und psychologischen Voraussetzungen diskutiert, bevor die Paartherapie selbst zur Sprache kommt. Vorangestellt wird eine Diskussion darüber, was man in einem Zeitalter der Relativierung von Werten unter Therapie verstehen könnte (Kapitel I). Entsprechend der Auffassung einer allgemeinen Psychotherapie, die, wie die Erfahrung selbst, auf mehreren Ebenen stattfindet, werden schließlich die einzelnen Interventionsmöglichkeiten für Paarprobleme skizziert (Kapitel VI).

I. Einleitung

Ein ganz normaler Fall

Sie rief an, um einen Termin zu vereinbaren. Es sei eine akute Krise. Sie kamen beide, bereitwillig. Sie klagte darüber, daß sich beide nicht über die Erziehung seiner 12jährigen Tochter aus erster Ehe einigen konnten. Er beklagte, daß sie in den Diskussionen ausraste. Sie dagegen betonte, sie sei überlastet, denn mit zwei Kindern und einem Beruf wüßte sie manchmal nicht, wo ihr der Kopf steht. Er fand, daß sie das gemeinsame Kind bevorzuge und gegenüber seiner Tochter ungerecht sei. Der tägliche Streit ließ sich auch in der Sitzung leicht entfachen. Es zeigte sich eine stabile Sequenz: Er wehrte ihre Zornespfeile durch Distanzierung und Schweigen ab. Dies entfachte ihre Wut erst recht, und ihre Anklagen wurden zu Verletzungen und später zu Verächtlichkeit. Er begegnete dem mit Rückzug und letztlich mit Umorientierung. Der permanente Brandherd war: Sie wollte noch ein gemeinsames Kind und er nicht; denn schon nach dem ersten gemeinsamen Kind hatte sich ihr Verhältnis zu seiner Tochter deutlich verschlechtert.

In seiner Jugend war er dem Vater nahegestanden, ein ruhiger Mann wie er. Seine Eltern hatten sich nicht viel zu sagen. Streiten hat er nie gelernt. Seine introvertierte Art, Dinge ruhig zu organisieren, war eine passende Ergänzung zu ihrer extravertierten Umtriebigkeit. Aber über die Zeit sammelte sich in ihm viel Groll an, der dann später abrupt in der Hinwendung zu einer Nebenbeziehung zum Ausdruck kam. Bei ihr sammelte sich nichts an; sie lud immer gleich ab. In ihrem Elternhaus hatte die Mutter die Hosen an, und sie war der Liebling des Vaters. Sie wußte, wie sie ihn um den Finger wickeln konnte, und war es gewohnt, ihre Wünsche durchzusetzen.

Die Therapie kann in diesem Fall auf vielen Ebenen ansetzen. Auf der praktischen Ebene geht es um Erleichterung in ihrem alltäglichen Ablauf. Auf der Beziehungsebene würde dadurch mehr Zeit für gemeinsame Aktivitäten frei werden. Auf der emotionalen

Ebene geht es darum, wie beide ihre gewohnten Reaktionsschemata – er seinen Rückzug und sie ihre Agitation – begrenzen lernen können. Auf einer tieferen Ebene geht es um den Konflikt, ob ein weiteres Kind die Familie noch mehr spalten würde oder sie dadurch ihre Mutterrolle erfüllen könnte, ohne daß die Liebesbeziehung darunter leiden würde.

Auf der biographischen Ebene könnte es darum gehen, ob die Gegensätzlichkeit der Partner jedem von beiden die Gelegenheit geben würde, das gut erlernte Muster der Beziehungsgestaltung zu überwinden. Dies wäre nicht leicht, denn beide haben sich irgendwann in ihrem Leben entschieden, auf etwas zu verzichten, um etwas anderes sicherzustellen. Er hat gelernt, seine Unabhängigkeit dadurch zu wahren, daß er sich nicht in die Karten schauen läßt, und damit darauf verzichtet, sich in der Beziehung völlig akzeptiert und geborgen zu fühlen. Sie hat sich entschieden, für ihre Freiheit und ihre Rechte zu kämpfen, und damit aufgegeben, sich ganz in der Beziehung fallen zu lassen. Sie haben die tief sitzende Angst abgewehrt, Unabhängigkeit bzw. Freiheit zu verlieren. Könnte er wagen, die Zweifel zuzugeben, die er bisweilen wirklich empfand, ohne Angst zu haben, dafür schärfstens kritisiert und der Unloyalität bezichtigt zu werden? Und könnte sie auf die Anklagen verzichten, ohne befürchten zu müssen, übergangen zu werden und unterzugehen? Wenn die Liebe so stark wäre, daß beide dieses Wagnis riskieren könnten, dann würde die Einlassung in die kontrastreiche Beziehung für beide einen Sinn haben und eine Herausforderung zum Wachstum darstellen.

1. Was bedeutet heute Psychotherapie?

Es ist gut belegt, daß Psychotherapie Klienten im Sinne einer Verbesserung der Befindlichkeit hilft (Abb. 1), und zwar ist die Wirkung deutlich größer als in anderen Bereichen psychologischer Intervention – etwa bei manchen einfachen Lernprogrammen im schulischen Bereich (Smith, Glass und Miller, 1981). Psychotherapie ist wirksam. Verunsichernd ist dabei, daß es mittlerweile viele Untersuchungen gibt, die belegen, daß es sehr unterschiedliche Therapieformen sind, die sich als wirksam erweisen. Das macht einen an den klassischen Therapieschulen orientierten Betrachter

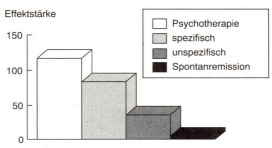

Abb. 1: Effektstärken der Psychotherapie aus 1400 Studien für Spontanremission, unspezifische Faktoren (inklusive Placeboeffekte), spezifische Faktoren und Psychotherapie insgesamt (als Summe aller drei Faktoren) nach Grawe, Donati und Bernauer (1994).

ratlos. Es scheint keinen roten Faden zu geben, der die wirksamen Methoden miteinander verbindet: Die kognitiven Therapien schneiden besonders gut ab (Grawe, Donati und Bernauer, 1994). Hypnose ist eine wirksame Therapie (Revenstorf, 1995, 1996), und auch die Gesprächstherapie hat ihre Wirksamkeit hinreichend belegt, wohingegen die Psychoanalyse bislang nur bei kurzer Therapiedauer ihre Wirksamkeit gezeigt hat. Die verschiedenen Formen der Verhaltenstherapie sind von nachweisbarer Wirksamkeit, ebenso die Familien- und Paartherapie, auch dann, wenn sie nicht verhaltensorientiert sind (Revenstorf und Freudenfeld, 1998). Ein allen Therapieformen gemeinsamer theoretischer Nenner ist nicht auszumachen.

Ein anderer Grund zur Beunruhigung besteht darin, daß es zwar einen spezifischen Anteil am Therapieerfolg gibt, wie Untersuchungen mit Kontroll- und Placebogruppen zeigen, jedoch auch beträchtliche unspezifische Effekte, neben einem deutlichen, wenn auch geringeren Prozentsatz an spontanen Heilungen.

Es ist daher verständlich, daß 70 % aller Therapeuten Eklektizisten sind und sich auch als solche bezeichnen (Watkins et al., 1986). Es gibt viele Gründe dafür: nicht nur, daß zahlreiche Therapieformen sich in ihrer Wirksamkeit kaum unterscheiden und ein Teil der Wirkung unspezifisch ist. Es gibt auch Dutzende von z.T. widersprüchlichen Theorien, die je nach Bedarf herangezogen werden können, um therapeutisches Handeln zu begründen: Lerntheorien, Systemtheorien, Kognitionstheorien und viele mehr. Willkür erscheint unausweichlich, und auch die herkömmlichen diagnostischen Kategorien geben so gut wie keine Anhaltspunkte darüber, welche therapeutische Methode bei einer bestimmten Störung angebracht ist. Es stellt sich die Frage: Welcher Ausweg führt aus dieser Situation, die theoretisch wie praktisch unbefriedigend ist? Es gibt zahlreiche Alternativen (vgl. Norcross und Goldfried, 1992).

Wünschenswert wäre eine *Metatheorie* der Veränderung, die nicht mehr an einzelnen therapeutischen Effekten festgemacht wird. Statt dessen müßte ein übergeordnetes Schema gefunden werden, in dem sich Therapieerfolge darstellen lassen. Dafür gibt es eine Reihe von Gesichtspunkten, die sich in den letzten zwanzig Jahren entwickelt haben.

2. Was bedeutet Veränderung?

Mehrebenen-Betrachtung
Erfahrung und Verhalten manifestieren sich auf sehr vielen Ebenen. Biologen haben schon früher derartige Schicht-Modelle z.B. für einen scheinbar so eindeutig körperlichen Prozeß wie den Herzinfarkt entwickelt (vgl. Engel, 1980). Psychologen gewöhnen sich erst allmählich daran, daß verschiedene Therapieformen dasselbe Problem nur auf verschiedenen Ebenen aufgreifen. Einige dieser Ebenen sind somatisch, andere betreffen die bewußte und die unbewußte Informationsverarbeitung, weitere das sichtbare Verhalten und die zwischenmenschlichen Kontakte. Manche Ebenen im sozialen Raum, um das Individuum herum, befinden sich außerhalb dessen, was man traditionell als Person betrachtet. Sie sind jedoch subjektiv als Umfeld des Individuums ein Teil seiner Persönlichkeit. So etwa die Ursprungsfamilie, die Paarbeziehung und bestimmte Gruppenbezüge.

Diese Betrachtung läßt sich auf die Kultur ausdehnen, die Verhaltensnormen festlegt und bestimmte Symptome begünstigt, wie etwa die Agoraphobie (Platzangst) einer Hausfrau oder Anorexie (Magersucht) eines Jugendlichen. Es kann sogar das Universum einbezogen werden, in das sich der einzelne sinnsuchend einordnen möchte. Es scheint mir wichtig, diese Mehrschichtigkeit des Erlebens und Verhaltens zu akzeptieren; denn dann wird klar, daß

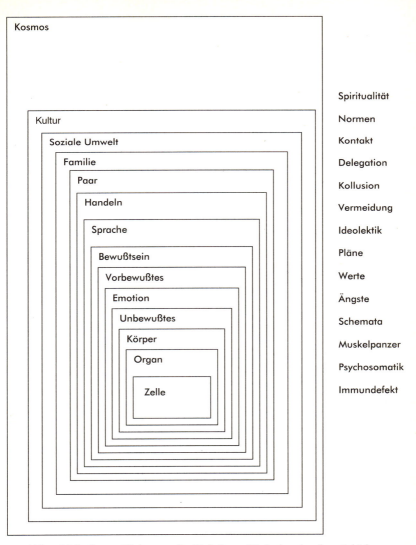

Abb. 2: Mehrebenen-Einbettung des Verhaltens. Die in den einzelnen Schichten (Organ, Körper usw.) auftretenden Phänomene finden sich rechts am Rand. Es handelt sich z. T. um Mangelzustände und z. T. um normale Phänomene (s. Text). Für die einzelnen Ebenen liegen aus verschiedenen Therapieschulen entsprechende Interventionsformen vor.

einzelne Therapieformen sich nicht widersprechen, sondern auf verschiedenen Ebenen ihren Dienst tun und sich der Schulenstreit erübrigt (vgl. Revenstorf, 1992, 1996a). Die wichtigsten dieser Ebenen sind:
1. Körper (humorale, zelluläre, Organsysteme, Bewegungsapparat)
2. Affekt (Motivation, Emotion)
3. Unbewußtes (subliminale Wahrnehmung, Traum, Trance)
4. Vorbewußtes (Werte, irrationale Ideen)
5. Bewußtes (Vorstellung, Denken, Wollen)
6. Handlung (Sprache, Tätigkeit)
7. Interaktion (Partnerwahl, Familie, Gruppenbezüge)
8. Kontext (Gemeinde, Gesellschaft, Kultur, Universum).

Kausalität, Finalität, Zirkularität
Ein völlig anderer Gesichtspunkt einer Metatheorie der Veränderung liegt darin, daß man nicht von einer einzigen Art der Determination des Verhaltens ausgehen kann, nämlich einer kausalen Determination, wie sie aus den physikalischen Wissenschaften übernommen worden ist. Wenn z. B. eine Beziehungskrise auftritt, gibt es gemäß der kausalen Determination eine bestimmte Ursache, etwa einen kindlichen Konflikt in einem oder beiden der Partner, der durch die Übertragung auf den anderen diesen überfordert. Wird der kindliche Konflikt ausgeräumt, dann wird die Übertragung überflüssig, und die überfordernde Projektion auf den Partner ist behoben.

Dagegen haben Carl Gustav Jung, Alfred Adler oder auch humanistische Autoren auf eine finale Betrachtungsweise hingewiesen, die von einer zukunftorientierten Motivation des Menschen ausgeht. Die Paarbeziehung kann beispielsweise als Teil des Individuationsprozesses angesehen werden, und eine Krise resultiert eventuell daraus, daß die Entwicklung der beiden Partner auseinanderklafft. Davon unabhängig ist von Familientherapeuten und Systemtheoretikern wie Watzlawick, Weakland und Fisch (1974) oder Ackermann (1966) eine zirkuläre Determination des Verhaltens hervorgehoben worden. Hierbei wird angenommen, daß sich das ganze System von Beziehungen zwischen Familienmitgliedern gegenseitig aufrechterhält. Damit wird das Symptom des augenscheinlichen Klienten, etwa eine Depression der Ehefrau, von der

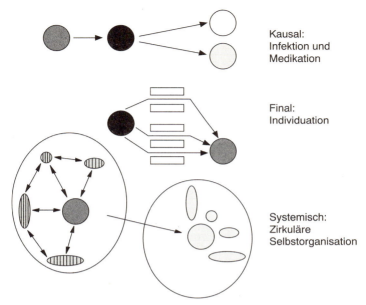

Abb. 3: Kausale, finale und systemische Betrachtung von Veränderung (aus: Revenstorf, 1996a). Die dunkle Schattierung gibt jeweils an, wo die Determination des individuellen Verhaltens gesehen wird. In der oberen Grafik gibt der weiße Kreis die funktionale und der graue die dysfunktionale Entwicklung an. In der mittleren Grafik symbolisieren die Pfeile die verschiedenen Wege, auf denen das Ziel erreicht werden kann. In der unteren Grafik zeigt die Anordnung der Elemente das Beziehungsgefüge der Personen in einer Familie.

ganzen Familie mitgetragen. Entsprechend ändern sich die Beziehungen zwischen allen, wenn die Frau die Depression aufgibt (Abb. 3).

Man kann davon ausgehen, daß alle drei Modelle des Verhaltens ihren Sinn haben, und je nachdem, ob man die Herkunft, die Orientierung oder die Beziehungen des Individuums betrachtet, ist eine andere Betrachtungsweise zweckmäßig. Wenn wir auf Erklärung und Begründung, etwa einer spezifischen Partnerwahl abzielen, ist die kausale Betrachtung sinnvoll. Wenn es darum geht, Perspektiven des Zusammenlebens für das Paar zu entwickeln, und die Hoffnung auf eine Bereicherung der Beziehung im Vordergrund steht, dann ist die finale Sichtweise vorzuziehen, und wenn die

Regeln und Interaktionen zwischen den Partnern und mit anderen im Vordergrund stehen, ist die systemische Betrachtung angemessen.

Nicht-Trivialität
Als weiterer Gesichtspunkt zu einer Metatheorie der Veränderung ist die Idee der Nicht-Trivialität des Verhaltens von Interesse (v. Foerster, 1985). Es hat lange gedauert, bis man sich darauf besonnen hat, daß der Mensch keine Maschine ist – zumindest keine triviale Maschine, bei der man den Input experimentell variiert, den Output beobachtet und dann eine vorhersagbare Funktionsweise des Organismus rekonstruieren kann. Dieses Vorgehen entsprach Skinners „Blackbox"-Modell zur Erforschung des Lernverhaltens von Ratten. Zwar war der aufklärerische Verdacht Descartes', der Mensch könne womöglich körperlich wie ein Automat reagieren, schon von den Romantikern zurückgewiesen worden, hatte dann aber im Zuge einer reduktionistischen Psychologie sowohl in Psychoanalyse wie im Behaviorismus wieder breitere Zustimmung gefunden.

Die Auffassung, daß der Mensch oder auch schon einfache Organismen nicht „triviale Maschinen" sind, sondern daß sie Freiheitsgrade haben, die von ihnen in nicht vorhersagbarer Weise genutzt werden, ist erst wieder mit der Idee der Selbstorganisation populär geworden (Maturana und Varela, 1987; Prigogine und Stengers, 1986). Wenn man dies übersieht, kann man leicht enttäuscht werden. In einem verhaltenstherapeutisch orientierten Programm (Schindler, Hahlweg und Revenstorf, 1981) wurde 100 Paaren beigebracht, wie man durch Zusammenfassen des Gehörten Streiteskalationen vermeiden kann (s. Kap. VI.4). In der Nachbefragung gestanden die Paare, daß sie diese Methode bei ihren Auseinandersetzungen nicht anwendeten, aber daß sich dank dieser Lernerfahrung das Verhältnis zu ihren Kindern gebessert habe. Diese Freiheit der unvorhersagbaren Wirkung therapeutischer Eingriffe dem Individuum zuzugestehen, scheint unvermeidbar und garantiert zugleich ein Mindestmaß an menschlicher Würde – was in manchen Therapieformen – etwa der traditionellen Verhaltenstherapie – übersehen wurde.

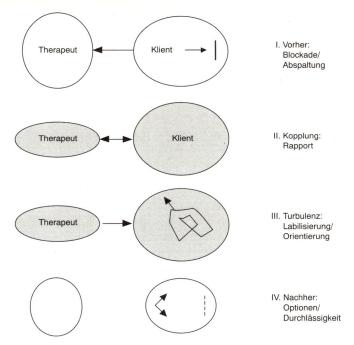

Abb. 4: Metatheorie der Veränderung in vier Schritten (aus: Revenstorf, 1996a).

Destabilisierung
Ein anderer Aspekt der Veränderung besteht darin, daß ein Paar, das in eine Beziehungskrise geraten und auf sein Leiden fixiert ist, in manchen Fällen von einer vorübergehenden Destabilisierung profitiert, z. B. erleichtert sie oft eine Neuorganisation der Beziehung eher als die planvolle Orientierung auf ein vorgefaßtes Ziel. Die Aufgabe des Therapeuten könnte dabei folgendermaßen gesehen werden: Zunächst nimmt er mit dem Klienten Kontakt auf (Kopplung, Rapport), der in seinen eingeschränkten Verhaltensoptionen sowie innerlichen oder äußerlichen Blockaden gefangen ist (Abb. 4). Die Kopplung bewirkt, daß der Therapeut mit dem, was er sagt oder tut, eine Resonanz erzeugt. Im Rahmen der sich anschließenden Kommunikation kann es dann sinnvoll sein, eine gedankliche, emotionale oder interaktive „Verstörung" zu initiieren (Destabilisierung), eine Turbulenz im Sinne der Unterbre-

chung von beispielsweise depressiven, zwanghaften oder phobischen Mustern. Bei Paaren sind Sackgassen des Verhaltens besonders dauerhaft, weil sich die Partner gegenseitig darin stabilisieren.

Fall 1: Ein Paar, Herr A und Frau B, hatten eine stark komplementäre Beziehung, in der Frau B ängstlich auf die Kontrolle des Mannes reagierte und versuchte, sich ihr zu entziehen. Das steigerte üblicherweise das Kontrollbedürfnis des Ehemannes. Daraufhin verstrickten sie sich in Vorwürfe über die Paranoia bzw. die Phobie des anderen, wobei es zu gegenseitigen Verletzungen kam. In einer Sitzung ließ der Therapeut alle professionelle Nachsicht fahren und erklärte, er hätte noch nie so ein gräßliches Paar erlebt und würde am liebsten auf die weitere Therapie verzichten. Darauf verließen beide betroffen den Raum. Beim nächsten Termin standen sie händchenhaltend in der Tür und gingen zumindest in den folgenden Sitzungen liebevoller miteinander um.

Perls hat die heilsame Art der Verstörung eine Frustration der gewohnten Muster genannt. Die Chaostheoretiker nennen das gleiche Phänomen „Ordnung durch Fluktuation". Darauf folgt häufig eine nicht-triviale Neuorganisation des Verhaltens, die der Therapeut nicht gezielt beeinflussen kann. Sie ist „autopoietisch", d.h., sie organisiert sich selbst ohne weiteren Einfluß von außen. M. H. Erickson spricht in diesem Zusammenhang von „Konfusion", durch die gewohnte Denkschemata entkräftet werden sollen.

3. Zusammenfassung

Eine übergeordnete Theorie der Veränderung geht einerseits davon aus, daß sich dasselbe Problem auf ganz verschiedenen Ebenen manifestieren kann. Ebenso können auch Interventionen auf unterschiedlichen Ebenen plaziert werden. Daraus ergibt sich eine bisher weitgehend ungelöste Indikationsfrage: Auf welcher Ebene beginnen? Ein hierfür nützliches therapeutisches Prinzip könnte „pacing and leading" darstellen: Der Therapeut übernimmt dabei zunächst die Definition des Klienten (etwa eine individuelle Depression) und bearbeitet sie wunschgemäß z.B. auf der kognitiven Ebene, bis Therapeut und Klient es für sinnvoll halten, eine andere

Ebene einzubeziehen (etwa das Unbewußte des Klienten oder den Partner). In der Paartherapie kann man auf der individuellen Ebene beginnen, wenn der Partner nur „zur Unterstützung" mitkommt und dessen Ratgeberposition allmählich durch Funktionen als Statist, als Modell, durch Rollentausch usw. erweitert wird.

Die Aufgabe des Therapeuten ist andererseits nicht in jedem Fall die zielgerichtete Neuorientierung des Klienten gemäß einer planvollen Analyse, sondern häufig der Anstoß zur Neuorganisation. Dazu dienen Impulse auf ganz unterschiedlichen Ebenen, aber auch die Infragestellung bzw. Destabilisierung festgefahrener Positionen. Voraussetzung hierfür ist ein tragfähiger Rapport, um auch bei reaktanten („widerständigen") Klienten Resonanz zu erzeugen. Die Art, wie das Individuum oder Paar auf Therapie reagiert und sich verändert, ist nur begrenzt vorhersehbar.

II. Anthropologie der Paarbeziehung

1. Natur und Kultur

Die Regeln, nach denen Paare in einer Kultur zusammenleben, erscheinen oft als unveränderlich, auch wenn sie tragische Folgen haben oder ungerecht sind. Um mit einem Paar über die Veränderung ihrer Beziehung zu sprechen, ist es gut, zu wissen, was von diesen Regeln genetisch, also in der Natur angelegt, scheint und was soziokulturell geprägt ist. So ist etwa die Ungleichheit der Rechte, Pflichten und Belastungen von Mann und Frau in vielen Gesellschaften so allgegenwärtig, als hätte es diesen mehr oder weniger offenen Machismus schon immer gegeben. Und beobachten wir nicht auch Züge dieses Machismus im Tierreich? Wir begegnen ständig entsprechenden Metaphern in unserer Sprache. Man sagt „stolz wie ein Hahn" und niemals „stolz wie ein Huhn". Man sagt, „Er hat Hengstmanieren", aber nicht „Stutenmanieren". Solche Konzepte schreiben indirekt gewisse Unterschiede zwischen den Geschlechtern fest, als seien sie naturgegeben. Aber was finden wir tatsächlich für grundsätzliche, biologisch bestimmte Unterschiede zwischen Mann und Frau?

Aus der Biologie resultieren höchstens zwei Gesichtspunkte, die von Bedeutung für die Gestaltung der Familie sein könnten: die Unreife des menschlichen Kindes zum Zeitpunkt seiner Geburt und ein möglicherweise unterschiedliches Interesse von Mann und Frau an der Sexualität. Ein Kind kann nicht für sich alleine existieren, bevor es etwa fünf Jahre alt ist. Daher braucht es für die erste Zeit seines Lebens Rückhalt bei den Eltern. Eine Art „natürliche" Dauer der Ehe könnte daher zwischen fünf und sieben Jahren liegen. In den Jäger- und Sammler-Gesellschaften wurden die Kinder danach vermutlich in Gruppen zusammengefaßt, ohne daß sie mit ihren Eltern tagsüber zusammen waren.

Manche Psychologen und Biologen argumentieren, daß die Evolution der Sexualität bei Mann und Frau möglicherweise eine unterschiedliche Rolle für das Überleben und die Reproduktion zuordnet (Buss und Schmitt, 1993): Um die Art zu erhalten, ist es für das Männchen nützlich, mit vielen Weibchen zu kopulieren und damit sein genetisches Gut weit zu streuen. Aufgrund des praktisch unbegrenzten Nachwuchses, den ein Mann erzeugen könnte, liegt seine Selektionsstrategie in der Quantität; abgesehen davon spielen nur Gesundheit und Gebärfähigkeit der Partnerin eine Rolle. Für die Frau dagegen hat die Sexualität eine andere Funktion. Sie kann nur begrenzt viele Kinder gebären und muß daher einen Partner sorgfältiger auswählen. Ihre Strategie ist demgemäß an Qualität orientiert. Sie sucht entsprechend eher einen Mann mit günstigem Erbgut, um ihre wenigen Kinder gut auszustatten. Außerdem ist es ihr Anliegen, mit der Muttermilch und später mit anderen Lebensmitteln für das Überleben und das Wachsen der Kinder zu sorgen. Sie braucht daher einen Mann für den Schutz der Familie und für den Lebensunterhalt. Allerdings fand sich in einer Untersuchung an über 10 000 Personen aus 37 Völkern der ganzen Welt, daß die wichtigsten vier Kriterien der Partnerwahl für Männer und Frauen gleich sind, nämlich: gegenseitige Anziehung, verläßlicher Charakter, emotionale Reife und angenehme Wesensart (Buss et al., 1990). Nur gutes Aussehen und Gesundheit des Partners sind etwas wichtiger für Männer, während Frauen Fleiß des Partners etwas bedeutsamer finden. Die Unterschiede sind dagegen verblüffend gering. Es stellte sich heraus, daß Männer lediglich für kurze Affären im Gegensatz zu Frauen nicht so wählerisch sind und Sexualpartner mit unterdurchschnittlicher Intelligenz bevorzugen. Die Kritiker der Position des genetischen Machismus halten dagegen, daß der lockere Umgang mit der Sexualität genausogut kulturell bedingt sein könnte, da im allgemeinen Frauen härtere Sanktionen zu gewärtigen haben, wenn sie sich leichtfertig mit einem Mann einlassen, als umgekehrt (Hatfield und Rapson, 1993). Demnach besteht offenbar kein Grund zur Annahme, daß Männer genetisch dazu programmiert seien, promisk zu sein, Frauen zu dominieren oder gar zu vergewaltigen.

Welche Beziehungsform in einer Spezies vorherrscht, ist an der Körpergröße und am Hodengewicht feststellbar: Bei Polyandrie (Vielmännerei) ist das Weibchen größer (z.B. bei den Schimpansen), bei Polygynie (Vielweiberei) das Männchen (z.B. bei den Orang-Utans). Darüber hinaus ist das relative Hodengewicht bei diesen Männchen höher als bei Arten mit polyandrischer Lebensform. An diesen Indizes gemessen, müßte der Mensch seiner Veranlagung nach monogam oder geringfügig polygam sein. Fisher (1989) fand beim Vergleich von über 800 menschlichen Gesellschaften unterschiedlichster Kulturkreise, daß 84% Polygynie grundsätzlich zuließen, aber nur 10% der Männer mehr als eine Frau hatten. Monogamie war in 16% und Polyandrie nur in 0,5% der Gesellschaften vorgeschrieben.

Das ist aber auch schon so gut wie alles, worauf sich Männer und Frauen in ihrer biologischen Unterschiedlichkeit berufen könnten. Ansonsten bieten unsere nächsten Verwandten im Tierreich – die Primaten – keine Anhaltspunkte für eine eindeutig geregelte Beziehung zwischen den Geschlechtern (Levi-Strauss, 1949). Die Primaten scheinen weitgehend ihr instinktiv vorhersagbares Verhalten verloren, ohne aber wie die Menschen Traditionen entwickelt zu haben (siehe Kasten).

Primaten haben keine Tradition

- Brüllaffen bevorzugen *Polyandrie* (in den Gruppen finden sich ungefähr 30% Weibchen und 70% Männchen); aber es gibt keine stabilen Bindungen, und die Weibchen haben keine Präferenzen in ihrer Promiskuität.
- Gibbons leben im allgemeinen in stabilen, *monogamen* Familien; aber sie haben gelegentlich auch sexuelle, inzestuöse Beziehungen mit jedem gegengeschlechtlichen Tier innerhalb wie auch außerhalb der Familien.
- Orang-Utans pflegen *polygyne* Umgangsformen.
- Rhesus-Affen zeigen sowohl *monogames* wie *polygames* Verhalten nebeneinander in denselben Gruppen.
- Schimpansen leben in Gruppen verschiedener Größe und scheinen überhaupt kein sichtbares System stabiler Beziehung zu haben, am ehesten findet man eine *Polyandrie*.

Im Gegensatz zum Sozialleben im Tierreich sind die Regeln der Erziehung und der Sexualität in menschlichen Gemeinschaften sehr strikt und haben sich über die letzten Jahrhunderte gesehen nur hin und wieder geändert. Die Abwesenheit von strikten Regeln bei unseren nächsten Verwandten – den Affen – zeigt, daß Natürlichkeit in der Vielfalt des Verhaltens liegt. Im Tierreich finden wir auch keine Beispiele für Verhaltenskulturen, die uns als Vergleich dienen könnten.

Der Ursprung der Kultur ist offensichtlich in menschlichen Gemeinschaften zu suchen, die über ein Kommunikationssystem, d.h. über ein System von Symbolen, verfügen, mit denen sie Regeln und Traditionen weitergeben können.[1] Die Handhabung von Symbolen ist für Menschenaffen sehr schwierig. Obwohl es einige Versuche gibt, Schimpansen eine Symbolsprache beizubringen (Premack, 1970; Gardener und Gardener, 1969), erwies sich der Lernprozeß als außerordentlich umständlich, und die Nutzung der Symbole blieb bei den Affen begrenzt. Symbole gab es in menschlichen Gemeinschaften zuerst in der Altsteinzeit (50000 bis 10000 Jahre v. Chr.). Darauf lassen die Zeichnungen der Neandertaler und anderer steinzeitlicher Kulturen schließen, die man z.B. in den Höhlen Nordspaniens (Altamira) gefunden hat. Daß die Tierbilder und Jagdszenen in den Felsenhöhlen symbolischen und nicht primär künstlerischen Charakter haben, scheint daraus hervorzugehen, daß sie häufig übereinandergezeichnet wurden: ein Beleg für die Annahme einer rituellen Bedeutung des Malens, etwa als Beschwörung bzw. Dankesgeste vor oder nach der Jagd.

2. Matriarchat und Patriarchat

In der Zeit der großen Wanderungen von Asien über die vereiste Beringstraße auf den nordamerikanischen und schließlich den mittel- und südamerikanischen Kontinent bis in die mittlere Steinzeit hinein (10000 bis 5000 Jahre v.Chr.) bestanden die Stammesgemeinschaften häufig aus Jägern und Sammlern – gelegentlich auch

---

[1] Unabhängig vom Beziehungsverhalten scheint das Verhalten von sogenannten Wolfskindern wenig Anhaltspunkte für die Ursprünge unserer Kulturen zu liefern. Viele dieser Wolfskinder, die ohne Eltern und Verwandte in der freien Wildnis aufgewachsen und später gefunden und untersucht worden sind, wiesen mentale Defekte auf. Es ist zu vermuten, daß die mentalen Defekte nicht etwa durch die defizitären Bedingungen des Aufwachsens zustande kamen, sondern daß die Kinder meist wegen dieser Defekte von den Eltern ausgesetzt worden sind, aber trotzdem überlebten. Ihre Verhaltensweisen können daher kaum als natürliches Vorbild gelten.

nur aus Jägern. Es ist gut denkbar, daß innerhalb der Jäger- und Sammler-Gesellschaften das Matriarchat als erste Rechtsform vorherrschte. In ganz Europa gibt es Ausgrabungen mit Siedlungen, Zeichnungen, Geräten und Schriftzeichen, die bis ins 7. Jahrtausend v. Chr. zurückgehen. Auch diese Kulturen waren eindeutig matriarchalisch: Es finden sich keine Darstellungen von männlichen Gottheiten, aber zahlreiche Darstellungen weiblicher Idole, spätere aus Ton und frühere aus Stein und Knochen. Einige dieser weiblichen Darstellungen sowie andere Zeugnisse einer matrifokalen Kultur gehen bis in die Altsteinzeit (sogar bis 100 000 Jahre) zurück (Gimbutas, 1996). Erst viel später, nämlich in der Neusteinzeit (5000 bis 3000 Jahre v. Chr.), als es zu nomadischen Kriegszügen, zur Bearbeitung des Bodens mit schweren Geräten und zur Viehzucht kam, hat sich das Patriarchat entwickelt und endgültig durchgesetzt (Bornemann, 1968). Im Matriarchat wurden Frauen als Nachkommen göttlicher Wesen verehrt, wozu drei Gründe beitrugen:
1. Das Wunder der Geburt
   (bevor der Zusammenhang zwischen Koitus und Zeugung erkannt wurde);
2. das Mysterium der Synchronizität zwischen Mondzyklus und menstruellem Zyklus;
3. eine magische Anziehung, die Frauen auf Männer ausüben.

Diese Eigenschaften ließen Frauen und die Sexualität gleichermaßen heilig erscheinen. Die Macht der Frau im Matriarchat hatte noch weitere Gründe: In einer Kultur von Jägern und Sammlern war der Mann auf der Jagd, während die Frau Wurzeln, Beeren und andere Früchte sammelte. Diese Form der Nahrungsbeschaffung war zuverlässiger als die Jagd, und die Frau hatte daher als Versorgerin ein höheres Ansehen. Darüber hinaus aber weiß eine Frau immer, welche Kinder die ihren sind; der Mann kann sich in dieser Hinsicht nie ganz sicher sein. Die Mutter hatte so möglicherweise das natürliche Recht, Besitz und Namen an ihre Kinder zu vererben. Es war nicht nötig, die vorhandenen Regeln durch Gesetze festzuschreiben und sie mit Machtmitteln durchzusetzen, weil für die Beziehung zwischen Mutter und Kind Rechtssicherheit bestand.

Hinweise auf Matriarchate finden sich in vielen alten Kulturen: in Afrika, Mesopotamien, Asien und Europa. Als Zeichen für matriarchalische Kulturen gelten weibliche Skulpturen, wie die Venus von Willendorf (etwa 20 000 v. Chr.), die sich dadurch auszeichnen, daß sie fast kein Gesicht, keine Hände und Arme haben, aber ausgeprägte Brüste und breite Hüften. Dabei handelt es sich nicht um Darstellungen bestimmter Personen, die durch ein Gesicht charakterisiert sind, sondern um die symbolhafte Weiblichkeit, die in den Brüsten, in den Hüften, der Vulva und den Oberschenkeln zum Ausdruck kommt. Daß die Frau sowohl als Spenderin des Lebens wie auch des Todes betrachtet wurde, wird aus dreieckigen Grabplatten geschlossen, deren Form auf den weiblichen Unterleib hindeutet. Wahrscheinlich war die Religion im Matriarchat monotheistisch – mit der „Großen Mutter" als Göttin. Einmal im Jahr fanden Fruchtbarkeitsriten und Zeremonien statt, in denen sich die „Große Mutter" mit ihrem Sohn in einem rituellen Inzest vereinigte. Die Göttin wurde dabei durch die Hohepriesterin und der Sohn durch den König dargestellt. An diesen Festen brach man geltende sexuelle Tabus. Überreste dieses Kultes finden sich in der Neusteinzeit und später in verschiedenen Riten:

- In der Tempelprostitution im alten Sumerien (heutiges Syrien) stellten die Priesterinnen sich den Männern des einfachen Volkes zur Verfügung.
- In den orgiastischen Kulten des Dionysos, Orpheus und Apollo im antiken Griechenland (etwa 1 000 v. Chr.) war vorübergehend Promiskuität zugelassen.
- Im Kult der Isis und ihres Sohnes Horus im alten Ägypten und späteren Rom kam es zum rituellen Inzest durch Stellvertreter dieser Gottheiten.
- Im Orakel des klassischen Griechenland, etwa in Delphi, (800 v. Chr.) waren meist Frauen die Weissagerinnen.
- In der christlichen Religion hat die Verehrung der Maria – insbesondere in lateinamerikanischen Ländern – oft größere Bedeutung als die von Jesus und Gottvater.

Dies alles mögen Überreste einer ehemaligen Mutterreligion sein, die im alten Mesopotamien (Sumerien), Ägypten und in der minoischen Kultur (auf Kreta) etwa um 2 500 v. Chr. bestand. Etwa um 2 000 v. Chr. verlor das Matriarchat in den vorderasiatischen Ländern allmählich seinen Einfluß, als indogermanische Nomaden aus dem Nordosten Mesopotamiens die ostmediterranen Länder eroberten. Aus dieser Zeit stammt die Legende der Amazonen, einem Volk von weiblichen Kriegern, die das Matriarchat zu bewahren suchten.

Mit den kriegerischen Nomaden kam das Patriarchat in den Mittelmeerraum, wo sich zugleich die Monogamie oder die Polygynie (Vielweiberei wie im Islam) durchsetzte. In allen drei monotheistischen Religionen der Neuzeit (Judentum, Christentum und Islam) entwickelten sich Patriarchate. Auch in der gemischten Götterwelt der Griechen hatte Zeus, ein Mann, den Vorsitz.

Während in Matriarchaten bei religiösen Anlässen zeremonielle Kastrationen stattfanden, wurden in den Patriarchaten die Frauen geopfert. Der Untergang des Matriarchats in den letzten zweitausend Jahren vor der Geburt Christi ist durch einen Niedergang der Macht der Frau gekennzeichnet. So wurden Frauen in der assyrischen Kultur üblicherweise gekauft oder geraubt, und im antiken Griechenland hatten Frauen nur noch als Prostituierte (Hetären) bedeutsamen sozialen Einfluß. Der Niedergang der Macht der Frau wird an dem Drama des Orest im griechischen Altertum deutlich (s. Kasten auf Seite 31).

Wegen des Geburtsschmerzes wurde in matriarchalischen Kulturen die Fähigkeit, Schmerzen zu erdulden, höher eingeschätzt als die Fähigkeit, Schmerzen zuzufügen – so noch in einigen nordamerikanischen Indianer-Kulturen bis ins letzte Jahrhundert. Während im Matriarchat die Sexualität heilig war, entstand im Patriarchat der Sexualität gegenüber eine große Ambivalenz.

Die Sexualität ist hier mit Schuld und Scham behaftet; einerseits, weil sie mit Lust verbunden ist, zum anderen, weil als Konsequenz des Koitus die Frauen unter dem Schmerz der Geburt zu leiden haben. Männer entwickelten für diesen Konflikt zwei Lösungen:
a) *Prostitution:* Im klassischen Griechenland und Rom wurden die Frauen in zwei Klassen eingeteilt, in Prostituierte und Mütter.
b) *Askese:* In der christlichen und buddhistischen Kultur verzichteten viele Männer auf die Sexualität, was manchmal mit Furcht vor und Haß gegenüber Frauen einherging. So hielt etwa die christliche Inquisition Frauen häufig für Hexen, was man als Abwehr ihrer sexuellen Macht interpretieren kann.

Im Gegensatz zum Matriarchat, in dem die Frau ihre Macht auf natürliche Weise innehatte, nämlich dadurch, daß sie in der Lage war, Leben zu gebären und zu wissen, welches ihre Kinder sind, wurde im Patriarchat den Männern die Macht dadurch zuteil, daß sie in

> *Agamemnon und die Reste des Matriarchats*
>
> Die Trojaner, die in der heutigen Türkei ansässig waren, raubten Helena, die Frau von Menelaos, des Königs von Griechenland. Er und sein Bruder Agamemnon zogen darauf in den Krieg gegen die Trojaner, den sie nach zehn Jahren mit Hilfe des schlauen Odysseus gewannen.
> Als Agamemnon nach Hause zurückkehrt, hat seine Frau Klytämnestra einen Liebhaber, und sie tötet den heimgekehrten Ehemann. Ihre Tochter Elektra erfährt von dem Gattenmord und bewegt ihren im Exil lebenden Bruder Orest dazu, Rache für den Vater zu üben.
> Tatsächlich kehrt Orest heim und tötet seine Mutter. Für diese Untat wird er für lange Jahre von weiblichen Rachegöttinnen, den Erinnyen (Furien), wo er geht und steht, so lange verfolgt, – ein Überrest des Matriarchats –, bis er wahnsinnig wird. Offenbar strafen die Götter den Mord an der Mutter mehr als den Mord am Ehegatten, weil sie von gleichem Blut ist. Schließlich wird Orest durch die Gunst einer weiblichen Göttin, Athene, von dem Fluch befreit.

der Lage waren, andere zu töten. Die Rechtsunsicherheit des Vaters bezüglich der Kinder wird für den Ursprung der Gewalttätigkeit im Patriarchat gehalten. Zugleich könnte man diese beiden gegenläufigen Tendenzen des Ertragens und Zufügens von Schmerzen als den Ursprung von Masochismus bei den Frauen und Sadismus bei den Männern ansehen.

Um mehr Macht zu erhalten, beanspruchte der Mann den Besitz der Frau im Sinne der einseitigen Polygamie. Nur so konnte er sicher sein, daß er der Vater der Kinder seiner Frauen war. Außereheliche Beziehungen der Frauen, aber auch von Männern mit verheirateten Frauen, wurden daher hart bestraft. Im alten Babylon etwa ahndete man Küssen durch Abschneiden der Lippen und Beischlaf durch Kastration. Alle Gesetze, die Besitz, Sexualität und die Ehe regeln, sollen sich im Patriarchat entwickelt haben, um die Macht des Mannes zu etablieren.

Wenn man Konkurrenzdenken und die Tendenz zu kämpferischen Auseinandersetzungen im wesentlichen als Auswuchs patriarchaler Machtansprüche deutet, könnte man vermuten, daß das Patriarchat jetzt, nach ungefähr viertausend Jahren, sich seinem Ende zuneigt, da seine Prinzipien zu Katastrophen wie genozidalen Kriegen und zu sozialen Inkonsistenzen wie dem Kapitalismus geführt haben. In diesem Zusammenhang ist es interessant, heute noch bestehende Matriarchate zu betrachten: In der chinesischen Provinz Yunann in der Nähe der tibetischen Grenze am Lugu-See leben die Mosuo in einer matriarchalen Hausordnung. Die Kinder wohnen im Haus der Mutter, und die Mädchen bekommen mit 13 Jahren ein eigenes Zimmer, in dem sie ihre Freunde empfangen können. Sie haben zwei bis drei Kinder, von denen sie manchmal nicht wissen, wer der Vater ist. Meist sind die Partner aber langfristig zusammen, leben jedoch in getrennten Häusern. Die Männer arbeiten auf dem Feld und im Wald, die Frauen arbeiten ebenfalls. Die älteste Frau ist das Familienoberhaupt, und die Männer im Haus sorgen für die Kinder ihrer Schwestern. Ihre eigenen Kinder leben in den Häusern ihrer jeweiligen Mütter und haben keine Beziehung zum Vater. Wie in der mexikanischen Provinz von Tehuantepec sehen die Frauen in ihren prächtigen Kleidern stolz und zufrieden aus. In Tehuantepec sind die Frauen die Händler und die Männer die Handwerker, deren Produkte sie verkaufen. Die Frauen haben die ökonomische Macht, und die Verteilung der Güter scheint weniger ungleichmäßig als im übrigen Mexiko – gemessen an der Zahl der Bettler und dem Ernährungszustand der Bevölkerung (Bennholt-Thomson, 1997).

3. Inzest und Inzestverbot

Das Inzestverbot ist in menschlichen Kulturen fast so allgemein, daß es geradezu als biologisch gegeben erscheint. Im Gegensatz dazu existieren im Tierreich zwar bei vielen Arten instinktive Inzestschranken; sie sind aber schon bei Haustieren und Primaten nicht mehr durchgängig vorhanden (Bischof, 1972). Auch in menschlichen Kulturen gab es gelegentlich Ausnahmen vom Inzestverbot. Einmal war dies bei den Fruchtbarkeitsriten des Matriarchats zumindest symbolisch der Fall, wenn im Rahmen dieser Zeremonien die „Große Mutter" mit ihrem Sohn kopulierte. In manchen afrikanischen und polynesischen Kulturen gibt es andere rituelle Ausnahmen, etwa wenn in der Nacht vor dem Kampf oder vor der Jagd der Krieger oder Jäger mit seiner Schwester schläft, um auf diese Weise magische Kraft zu erhalten oder gegen die Angriffe des Gegners gefeit zu sein.

Permanente Ausnahmen vom Inzestverbot fanden sich im alten Ägypten, bei den Inkas im alten Peru, in Polynesien sowie auf Hawaii und auf Madagaskar. Zu den belegten Fällen des dynastischen Inzests, der wahrscheinlich der Reinerhaltung des Königsgeschlechts diente, gehören u.a. die Pharaonen in Ägypten: Tut-ench-Amun, der mit 19 Jahren starb, soll Sohn und Bruder, sicher aber auch Schwiegersohn, von Echnaton gewesen sein, und er heiratete seine Schwester, die zugleich seine Nichte war (Bischof, 1985). Später, etwa bis 200 v.Chr., wurde das Inzestverbot auch in den höheren Bürgerschichten aufgehoben. Von Madagaskar ist bekannt, daß den Männern aus dem einfachen Volk Beziehungen zu Müttern und Schwestern verboten waren, für die Häuptlinge dagegen waren Beziehungen zu ihren Schwestern zugelassen.

Generell gilt, daß in Kulturen, in denen das Inzestverbot teilweise aufgehoben war, Mütter und manchmal auch jüngere Schwestern unangetastet blieben. In den modernen Gesellschaften wird das Inzestverbot im allgemeinen streng gehandhabt, und Ehen zwischen Vettern und Cousinen sind nicht erlaubt, wenn diese einen gemeinsamen Großvater haben.

Für das beinahe universelle Inzestverbot in menschlichen Gesellschaften sind mehrere Erklärungen vorgebracht worden:

1. *Degeneration (traditionelles Argument):*

Durch den Inzest setzen sich rezessive Gene leichter durch. Diese können defekte Dispositionen enthalten, die sich normalerweise aufgrund des unterschiedlichen Erbgutes der Eltern im Kind nicht manifestieren. Tatsächlich hat man in einer japanischen Untersuchung bei den Kindern aus inzestuösen Beziehungen in der ersten Generation 40% körperliche Defekte gefunden. Auf der anderen Seite ist Inzucht unter Haustieren üblich, und in den genannten antiken Gesellschaften führte sie offensichtlich auch nicht zu massiven Degenerationserscheinungen. Tatsächlich würden auch Defektgene nach mehreren Generationen durch Selektion eliminiert werden – analog zur Selektion von defektem Erbgut bei dominanten Genen. Darüber hinaus enthalten rezessive Gene auch positive Eigenschaften. In diesem Sinne kann die Strategie der Pharaonen verstanden werden, durch Inzest die göttlichen Eigenschaften des Königsgeschlechts rein zu erhalten.

2. *Langeweile (Havlock Ellis):*
Das Interesse am Partner nimmt mit der Zeit ab, und bei Partnern, die sich seit ihrer Jugendzeit als Familienmitglieder kennen, ist dies um so eher zu befürchten. Dies würde jedoch nur eine Verschiebung des Ermüdungseffektes um etwa 10 Jahre bedeuten, weil sich danach auch vorher fremde Partner hinreichend gut kennen. Im Gegensatz dazu stellt ein Aspekt der interpersonellen Attraktion das Gefühl der Vertrautheit mit dem anderen dar.

3. *Ökonomie (Spencer):*
Heirat ist fast immer mit Brautgeschenken verbunden. Darüber hinaus vergrößert sich die Familie, und damit vergrößern sich auch die Ressourcen an Arbeitskräften, wenn man in eine andere Familie einheiratet (durch die Schwäger, Schwiegereltern, Kinder, Nichten, Vettern usw.). So bedeutet Heirat eine Bereicherung im materiellen wie auch im ideellen Sinne – aber nur, wenn der Partner von außerhalb der Familie kommt. Inzest ist daher unökonomisch für die Familie des Mannes. Der Wert einer familienfremden Braut wird allerdings durch die eigenen Töchter ausgeglichen, die mit Brautgeschenken und Mitgift ausgestattet werden müssen.

4. *Totemismus (Dürkheim):*
Eine der ältesten Kulturen der Welt sind die Aborigines in Australien, die seit etwa 30 000 Jahren als Nomaden existieren. In diesen Gesellschaften haben die Stammesmitglieder ein gemeinsames Totemtier, das heilig ist, weil es den Geist des ganzen Clans in sich trägt. Es zu berühren, zu töten oder zu essen verursacht Unglück und Tod. Das, was alle im Clan mit dem Totemtier verbindet, ist das Blut, das deswegen ebenfalls heilig ist. Frauen dürfen während ihrer menstruellen Periode aus diesem Grund nicht berührt werden, und die sexuelle Vereinigung mit einem Clanmitglied bringt die Gefahr mit sich, mit dem Blut des

eigenen Clans in Kontakt zu geraten. Es gibt allerdings Zweifel daran, ob andere alte Kulturen ebenfalls eine Totemtradition hatten.

5. *Machismus (Bornemann)*:
Der Inzest zwischen Mutter und Sohn wird in allen Kulturen stärker geahndet als der zwischen Vater und Tochter. Freud meinte, daß das Inzestbedürfnis natürlicherweise entsteht, wenn das Kind den Körper der Mutter und ihre Brüste mit seinen Händen und mit seinem Mund berührt. Dieses Bedürfnis überträgt sich auf die Schwestern als die nächsten Frauen im Umkreis. Auf diese Weise gewinnt die Mutter bzw. generell die Frau Macht über Männer. Um diesen Einfluß der Mutter auf die Männer und auf die Kinder zu mindern, wurde nach Ansicht einiger Anthropologen im Patriarchat das Inzestverbot eingeführt.

6. *Vatermord (Freud)*:
Freud stellte sich vor, daß in der Urhorde der Steinzeitmenschen die Söhne einen kollektiven Vatermord begingen, um dessen patriarchales Monopol zu brechen, und daß dadurch der Beginn einer arbeitsteiligen Gesellschaft möglich wurde. Als Sühneopfer für diese Untat, vermutet Freud weiter, wird auf die natürlicherweise sich ergebende Möglichkeit der sexuellen Beziehung zur Mutter als Frau des Ermordeten verzichtet (Freud, 1912).

All diese Erklärungen überzeugen nicht vollständig. Deshalb vermutet Bischof (1985), daß Familienfriede, Vergrößerung der Familie durch Heiraten nach außen und die damit verbundene Vermehrung der Arbeitskraft, der Tauschcharakter der Ehestiftung usw. zusammen das Inzestverbot begründen. Als Beispiel dafür, wie tief verwurzelt das Inzestverbot in unserer westlichen Kultur ist, sei an den Mythos von Ödipus erinnert (s. Kasten auf Seite 36).

4. Zusammenfassung

Die Grundlage von Ehe und Familie liegt in der Kultur, nicht in der Natur. Während es auch bei vielen Tierarten Familien gibt, haben diese kaum „Traditionen". Insbesondere die dem Menschen phylo-

> *Die Inzest-Tragödie des Ödipus*
>
> Laios, König von Theben, und seine Frau Iokaste hatten einen Sohn, Ödipus. Das Orakel hatte geweissagt, daß der Sohn den Vater töten werde. Um das zu verhindern, ordnete der König an, daß der Sohn in den Bergen ausgesetzt würde. Ein Hirte konnte es jedoch nicht übers Herz bringen, das Kind sterben zu lassen, und brachte es zum König von Korinth, der keine Kinder hatte und Ödipus adoptierte.
> Als Jugendlicher auf Reisen traf Ödipus unerkannterweise auf seinen Vater. Sie gerieten in einen Streit darüber, wer wohl mit seinem Wagen die schmale Straße zuerst passieren dürfe. Dabei tötete Ödipus unwissend seinen Vater. Als er später nach Theben kam, war das Land ohne König, und er bestand die Herausforderung, die „Sphinx" zu bezwingen, um König und damit Ehemann der Witwe Iokaste zu werden.
> Ödipus löste das bekannte Rätsel der Sphinx („Was ist das? Es läuft am Morgen auf vier, am Mittag auf zwei und am Abend auf drei Beinen?"), worauf sich das Ungeheuer, halb Löwe und halb Frau, in den Abgrund stürzte und Ödipus gebeten wurde, an der Seite von Iokaste den Thron einzunehmen. Später fanden beide heraus, daß sie Mutter und Sohn waren, worauf sich Iokaste erhängte und Ödipus sich blendete.

genetisch am nächsten stehenden Primaten scheinen wenig konsistente Regeln für ihr Zusammenleben zu haben. Es finden sich dort Monogamie, Polygamie und Inzest. Während die Tiere im allgemeinen eine größere genetische Stabilität, dafür aber weniger Tradition haben, zeichnet sich der Mensch eher durch Stabilität der Tradition und genetische Veränderungsfähigkeit aus.
Nach Meinung mancher Biologen trachten Männer evolutionsbedingt danach, ihre Gene möglichst weit zu streuen, d.h., viele Nachkommen zu zeugen. Frauen dagegen könnten das natürliche Bedürfnis haben, einen Partner sorgfältig auszuwählen, der den wenigen Kindern, die sie gebären, gute Anlagen mitgibt und stark genug ist, um für die Familie zu sorgen. Demnach sind die Motive der Liebe bei Mann und Frau nicht unbedingt gleich; dies könnte ein potentieller Konfliktherd sein.

Da sich bei den Tieren kaum Anhaltspunkte für kulturelle Phänomene finden, ist es sinnvoll, nach den Wurzeln familiärer Traditionen in den menschlichen Kulturen zu suchen. Der Gebrauch von Symbolen im Paläolithikum scheint den Beginn der Kultur darzustellen. Aber es ist sehr wenig über die Formen der Familienbeziehung der Nomaden aus dieser Zeit bekannt. Erst viel später, im Mesolithikum und Neolithikum, finden sich in den Jäger- und Sammlerkulturen Hinweise auf Regeln des Zusammenlebens, die offenbar zunächst matriarchalisch geprägt waren.

In dieser Zeit genoß die Frau ein höheres Ansehen als heute – aufgrund der Tatsache nämlich, daß sie in der Lage ist, Leben zu gebären und durch Sammeln von Nahrungsmitteln verläßlicher für den Unterhalt der Familie zu sorgen als der Mann mit seiner weniger zuverlässigen Jagd. Frauen wissen im Gegensatz zu Männern mit absoluter Sicherheit, welches ihre Kinder sind, und können daher eine Art natürliches Erbrecht praktizieren. Im Matriarchat wurde die Sexualität vermutlich als heilig angesehen, ohne wie in der christlichen Sichtweise mit Schuld und Scham behaftet zu sein. Vorherrschend waren wahrscheinlich Religionen mit einer weiblichen Gottheit. Zeichen von Matriarchaten finden sich im alten Afrika, in Asien und Europa.

Der Beginn des Patriarchats im Mittelmeerraum wird mit dem Eindringen kriegerischer Nomaden von Asien in den Vorderen Orient in Zusammenhang gebracht. Patriarchate existierten schon vorher in Kulturen reiner Jäger und in landwirtschaftlichen Kulturen, in denen die Arbeit auf dem Acker schwer war. Ehebruch wurde bestraft, und Monogamie oder einseitige Polygamie (d.h. Polygynie) sicherten in diesen Kulturen das Recht des Vaters, an seine Söhne vererben zu können. Der Wert der Frau sank; sie war in diesen Kulturen häufig Objekt von Kauf oder Raub.

Das fast universelle Inzestverbot ist eine weitere anthropologische Basis für das Familienleben. Es existiert bei vielen Tierarten, jedoch nicht bei den Affen. Auch gibt es bei einigen menschlichen Kulturen Ausnahmen davon (im alten Ägypten, Peru und auf Madagaskar). Soziologen vermuteten, daß das Inzestverbot eine Zwischenposition zwischen Kultur und Natur einnimmt: Degeneration der Nachkommenschaft, Langeweile mit einem allzu bekannten Partner oder ökonomische Nachteile, Totemismus oder einfach Machismus könnten als Gründe dafür gelten.

III. Entwicklung

1. Emotionale Entwicklung

Gefühlsleben
Liebe und die Krisen einer Beziehung sind stark emotional getönte Erfahrungen, während etwa beim Autokauf oder bei der Anlage von Immobilien meist der Verstand wichtiger ist als das Gefühl. Wir können uns in jeder Situation mit dem Herzen oder mit dem Verstand entscheiden. Oft stehen Herz und Verstand zueinander im Widerspruch: Wir stellen z.B. jemanden aufgrund seiner Zeugnisse als Mitarbeiter ein, aber haben ein „komisches" Gefühl dabei. Oder wir lassen uns auf eine Liebesaffäre ein, obwohl der Verstand der Beziehung keine Chance gibt. Gefühle sind entscheidend dafür, ob wir das Leben als bereichernd empfinden oder als flach und sinnlos. Aber was sind Gefühle?

Es findet sich in der wissenschaftlichen Literatur wenig Übereinstimmung darüber, wie ein Gefühl genau entsteht und in welcher Weise dieser Begriff von ähnlichen wie Affekt, Stimmung, Emotion usw. abzugrenzen ist (vgl. Shaver et al., 1987) – obwohl intuitiv jeder weiß, was ein Gefühl ist. Die Funktionalisten (Lazarus, 1976; Plutchik, 1980) gehen davon aus, daß Gefühle eine soziale Funktion haben: Sie dienen der Orientierung des Organismus in einer neuen Situation, und gleichzeitig aktivieren sie den Körper für eine bestimmte Handlungsweise. Gestimmtheit drückt sich in der Körperhaltung und vor allem der Mimik unmittelbar aus, so daß den Emotionen darüber hinaus eine kommunikative Funktion zukommt. Gegenüber einem Angreifer empfinden wir beispielsweise Zorn (Gefühl) wegen einer drohenden Beeinträchtigung unserer Freiheit oder des Besitzes (Orientierung); dadurch sind wir zu Angriff oder Verteidigung motiviert (Gestimmtheit) und körperlich darauf vorbereitet, mit Worten oder Taten loszuschlagen (Handlungsimpuls); außerdem macht der Gesichtsausdruck unsere Absicht deutlich und dient dem Gegenüber als Warnung (Kommunikation). Der Emotionsausdruck ist transkulturell weitgehend ähnlich und sogar über bestimmte Spezies hinweg vergleichbar – z. B. das Blecken der Zähne als Zeichen der Aggressionsabsicht.

Emotionen treten auf, wenn der Organismus in seinem Gleichgewicht gestört wird. Mit ihrer Hilfe kann sich das Individuum schnell – oft schneller als mit dem Verstand – entscheiden. Lazarus (1976) macht das für Streßsituationen deutlich. Welche Gefühlslage sich einstellt, hängt davon ab, ob das Individuum über Mechanismen zur Bewältigung der Situation verfügt und über die dazu nötige Energie.

Droht dem Individuum eine Gefahr und meint es, sie bewältigen zu können, und hat zugleich hinreichende Energie dafür zur Verfügung, so entstehen Wut als Gefühl und Angriff als Handlung. Reicht die Energie nicht aus, so werden Konfusion als Gefühl und Reorientierung als Handlung erzeugt. Entscheidet die Person, daß sie über passende Bewältigungsmechanismen nicht verfügt, mobilisiert aber trotzdem genügend Energie, dann bilden sich Angst als Emotion und Flucht als Reaktion; wenn aber die Energie dazu fehlt, entstehen Traurigkeit, Passivität und langfristig Depression – was Seligmann (1975) als „gelernte Hilflosigkeit" beschrieben hat.

Im allgemeinen werden wenige Grundgefühle unterschieden, wobei sich die einzelnen Zusammenstellungen (Izard, 1981; Plutschik, 1980; Lazarus, 1976 u. a.) ein wenig unterscheiden. Es wird aber jeweils deutlich, daß der Organismus je nach Gefühlslage weiß, ob die Situation aversiv oder positiv ist und ob Aktivität erforderlich ist oder nicht. So ist eine grundlegende Orientierung gegeben, die sich in der Emotionsforschung durchgängig findet: entlang den Dimensionen Aktivität und Bewertung (s. Tab. 1). Außerdem haben Gefühle verschiedene Intensitäten.

Tab. 1: Grundemotionen und ihre Funktionen:
Orientierung (Bewertung und Orientierung) und Ziel der Handlung,
die durch die jeweilige Emotion motiviert wird.

Gefühl	Bewertung	Aktivierung	Ziel
Neugier	+	aktiv	Suche
Liebe–Ekstase	+	aktiv	Vereinigung
Freude–Glück	+	passiv	Gemeinschaft
Ärger–Wut	–	aktiv	Angriff
Furcht–Panik	–	aktiv	Schutz
Trauer–Verzweiflung	–	passiv	Unterstützung

Diese Grundgefühle unterteilen sich jeweils. So zum Beispiel Ärger in die Facetten Lästigsein, Feindseligkeit, Eifersucht und Verachtung oder Angst in Schuld, Scham, Besorgtsein usw. Bei der Liebe wird Verliebtheit – also Leidenschaft – vom Mögen einer Person und einer tiefen Verbundenheit unterschieden.

Basisgefühle stellen sich sehr schnell ein. Als Organ ihrer Entstehung wird das limbische System im Mittelhirn angenommen, das phylogenetisch viel älter ist als das Großhirn. Demnach verfügen alle Säugetiere über ein mehr oder weniger differenziertes Gefühlsleben, das sie in ihrer Anpassung an die Umwelt flexibler macht als Reptilien, Vögel oder Fische, die nur über ein Stammhirn verfügen. Reptilien passen sich mit Hilfe „kalter" Reflexe an die Umgebung an. Gefühle überformen solche Reflexe und machen die Anpassung leistungsfähiger. Gefühle der Hilflosigkeit und Unterlegenheit beispielsweise aufgrund eines Mangels können zu einer lebenslangen Motivationsquelle werden. Alfred Adler hat solche Beispiele zusammengetragen, von Demosthenes, der trotz seines Sprachfehlers zum großen Redner wurde, bis Roosevelt, der trotz seiner schwächlichen Konstitution zum zähen Sportler wurde. Für die Liebe trifft das in besonderem Maße zu. Dante sah Beatrice nur einmal und brachte ihr sein Leben lang eine liebevolle Verehrung entgegen.

Die oft blitzschnelle, gefühlsmäßige Entscheidung kann vom bewußten Verstand, der Tätigkeit unseres Großhirns, revidiert werden. Wir sehen eine schlängelnde Bewegung im Sand und weichen voller Angst zurück, bis wir erkennen, daß es sich um eine Blindschleiche handelt. Das Gefühl des Abscheus weicht der Neugier; wir nähern uns wieder und fangen sie vielleicht sogar. Romantiker wie Jean Paul und Kulturpessimisten wie Friedrich Nietzsche sind allerdings der Ansicht, daß wir dazu tendieren, die Leistungsfähigkeit des Großhirns zu überschätzen, das ja nur der letzte und bisher wenig entwickelte Auswuchs des Nervensystems ist. Die eigentlichen Ressourcen und die Kreativität des Menschen lägen in seinem Unbewußten, das auch die Quelle unseres Gefühlslebens ist.

Die gefühlsmäßige Basis von Beziehungen ist komplex, und dabei spielt die emotionale Entwicklung derjenigen, die eine Beziehung eingehen, eine große Rolle. Die Qualität der Paarbeziehung beruht zum einen auf emotionalen Mustern, die von der frühen

Prägung der beiden Partner bestimmt sind. Zum anderen bietet das Wachstum der Beziehung die Chance, daß sich beide weiterentwickeln und eigene Entwicklungsrückstände überwinden.

Bindungsverhalten
Nach Bowlby (1975) macht der Mensch drei große Etappen in seiner emotionalen Reifung durch:
1) *Bindung:* In der früheren Kindheit, bis etwa zu einem Alter von drei Jahren, nämlich dann, wenn das Kind anfängt, sich selbständig zu bewegen und den unmittelbaren Umkreis der Mutter zu verlassen, entwickelt sich das Gefühlsrepertoire, mit dem wir Bindungen steuern.
2) *Erkundung:* In der nächsten Etappe entwickeln sich die Gefühle, die mit der Exploration der Umgebung zu tun haben. Diese Phase dauert bis in die Pubertät.
3) *Reproduktion:* Daran schließt sich die Phase der Kontaktaufnahme mit Geschlechtspartnern an.

Bowlby geht davon aus, daß die nachfolgenden Phasen nur dann unbeeinträchtigt gelingen, wenn die vorangehenden vollständig durchlebt wurden. So kann sich beispielsweise kein reifes Erkundungsverhalten entwickeln, wenn zuvor das Bindungsverhalten traumatisch oder unbefriedigend erlebt wurde. Ebenso leidet die Beziehung zum Partner darunter, wenn entweder das Erkundungsverhalten oder das Bindungsverhalten unvollständig erfahren wurden.

Wie Tabelle 2 zeigt, entwickeln sich in der Phase des Bindungsverhaltens – meistens bezogen auf die Mutter als Bezugsperson – die Basisemotionen der liebevollen Zuwendung und der Wut, Angst sowie der Traurigkeit in Situationen, in denen die Bindung an die Mutter gewährleistet oder bedroht ist. So löst etwa die altersbedingte Hilflosigkeit des kleinen Kindes nach kurzer Zeit die Suche nach der Mutter aus, und die Kontaktaufnahme zu ihr wird als Gefühl erlebt, das emotional dem Verliebtsein entspricht. Die Anwesenheit der Mutter löst Gefühle aus, die etwas mit Akzeptanz und Nähe, d.h. mit Liebe zu tun haben. Der drohende Verlust des Kontaktes kann einmal zur Wut führen, indem das Kind durch Schreien versucht, sein Recht zu bekommen, oder zum Ausdruck von Angst, um auf diese Weise von der Umwelt Unterstützung zu erhalten. Verläßt die Mutter das Kind, so tritt Traurigkeit ein. Nur

Tab. 2: Entwicklung der Emotionen nach Bowlby (1975)

Situation	Verhalten	Emotion
	Bindungsphase	
Verlassenheit	Suchen und Finden der Mutter	Verliebtsein
Anwesenheit der Mutter	Kontakt und Klammern an die Mutter	Liebe
drohender Verlust	a) Schreien	Wut
	b) Suche nach Unterstützung	Furcht
Verlust	Suche nach Trost	Traurigkeit
	Erkundungsphase	
unerwartete Situation	Orientierung	Aufregung
interessante Situation	Erforschung	Neugier
unverträgliche Situation	Abwehr	Ekel
	Beziehungen im Erwachsenenalter	
Sexualpartner	Werbung	Liebe/Sehnsucht
Kinder	Aufzucht	Sorge/Vertrauen
Alte, Bedürftige	Unterstützung	Toleranz

wenn alle diese Basisemotionen durchlebt und vom Kind auch überwunden werden konnten, etabliert sich ein sicheres Gefühl der Bindung an die Mutter, und sie kann als verinnerlichte Instanz fortbestehen, auch wenn sie körperlich nicht anwesend ist.

Das ist die Voraussetzung dafür, daß in der Erkundungsphase das Kind sich vom Zuhause, dem elterlichen Schutzraum, wegbewegt. In neuen Situationen erlebt es dann Schrecken, Neugier oder Ekel, mit Hilfe derer es sich in der Umwelt zu orientieren und abzugrenzen lernt. Nur wenn die emotionale Grundlage durch sichere Bindung und erfolgreiche Erkundungen der Umwelt erworben wurde, wird die spätere Beziehung zu einem erwachsenen Partner nicht von unbewußten Defiziten oder Exzessen der Kindheit und Jugend überschattet sein.

Nur dann kann sich Liebe, Sehnsucht, Leidenschaft sowie Sorge und Toleranz zwischen den Partnern hinreichend entwickeln. Eine zentrale These dieses Denkmodells lautet: Wenn die vorangehenden Phasen unbefriedigend waren und das Individuum in seinem Bindungs- oder Erkundungsverhalten verunsichert ist, wird es je

Tab. 3: Zusammenhang von Bindungstypen in der Kindheit und im Erwachsenenalter (Die Zahlen in Klammern beziehen sich auf die drei Fragen im Kasten auf S. 44.)

Bindungstypen zwischen Eltern und Kindern (nach Ainsworth, 1989)		
	Selbstachtung der Eltern	
Achtung des Kindes	niedrig	hoch
niedrig	a) Kinder, die mißbraucht oder aufgegeben wurden	b) Abgewiesene oder kühl behandelte Kinder
hoch	c) Kinder unbeständiger Eltern	d) Kinder von Eltern, die da waren, wenn nötig

Bindungstypen zwischen Erwachsenen (nach Bartholomew, 1990)		
	Selbstachtung	
Achtung des anderen	niedrig	hoch
niedrig	A) Ambivalenz Vermeidung von Nähe, Angstbindung (2, 3)	B) Distanzierte Beziehung Isolation (3)
hoch	C) Suche nach Nähe (2)	D) Sichere, innige Beziehung (1)

nach der Enwicklungsstörung zu einer Angstbindung, zwanghaftem Unabhängigkeitsstreben, zu Überfürsorglichkeit oder emotionaler Isolation tendieren.

Einige Forscher haben die Art der Bindung, die das Kind zu seinen Eltern erfahren hat, mit der Art in Zusammenhang gebracht, wie sich später Liebesbeziehungen entwickeln. In Tabelle 3 sind diese Ergebnisse zusammengefaßt. Wenn Sie sich selbst einordnen möchten, beantworten Sie zuerst die Fragen im Kasten auf S. 44.[2]

2. Kindliche Entwicklung und Partnerwahl

Viele Menschen wählen einen Partner, dessen Wesensart als Gegenstück und Ergänzung der eigenen empfunden wird, also eine komplementär passende Person. Dieses führt zum Kollusionskonzept[3]

---

[2] Das sichere Bindungsmuster (1) kommt zu 50%, die ambivalenten (2) und vermeidenden Muster (3) kommen zu je 25% in der Normalbevölkerung vor.
[3] Kollusion (lat.) = Zusammenspiel

> **Wie fühlen Sie sich in Beziehungen?**
> 1) Es fällt mir leicht, mich anderen zu nähern, auch von anderen abhängig zu sein, wenn die anderen auch mal von mir abhängen. Ich mache mir fast nie Sorgen darüber, daß ich anderen zu nahe bin oder daß ich verlassen werden könnte.
> 2) Manchmal fühle ich, daß die anderen mir nicht so nahestehen, wie ich es gerne möchte. Oft habe ich Zweifel, ob mein Partner mich wirklich liebt und bei mir bleiben möchte. Ich habe das Bedürfnis, ganz und gar mit ihm zu verschmelzen, und ich glaube, daß ich ihn damit überfordere.
> 3) Ich mag es nicht, anderen nahe zu sein. Mir fällt es schwer, meinem Partner zu vertrauen, und ich mag es nicht, von ihm abhängig zu sein. Mein Partner möchte manchmal mehr Innigkeit, als ich geben oder tolerieren kann.

von Willi (1975). Er beschreibt, wie sich Partner mit komplementären emotionalen Profilen gegenseitig anziehen und sich diese Wahl zunächst aufgrund wechselseitigen Gebens und Nehmens stabilisiert. Auf lange Sicht jedoch kann sich eine solche Beziehung als konflikthaft herausstellen. Während sich die Bedürfnisse im günstigen Fall ergänzen, können zu hohe und rigide Erwartungen einen Konflikt auslösen, in dem sich beide Partner überfordert fühlen.

Feldman (1976) beschreibt als einen solchen Fall das depressivrigide System. Dabei lebt der Depressive mit einem Partner zusammen, der eine Helferrolle ihm gegenüber einnimmt (meist der Mann), dessen Unterstützung jedoch das Gefühl der Hilflosigkeit im Depressiven verstärkt. Dieser versucht daraufhin, die Machtbalance dadurch wieder herzustellen, daß er auf passiv-aggressive Weise seinen Helfer entwertet, indem er sich nicht helfen läßt, worauf dieser seinerseits durch Kritik den labilen Selbstwert des Depressiven weiter mindert (vgl. das Fallbeispiel 10 in Kap. VI.2). Ähnlich komplementär und gegenseitig stabilisierend sieht Hafner (1977) die agoraphobische[4] Beziehung. Die agoraphobische Frau

---

[4] Agoraphobie (griech.) = Angst vor öffentlichen Plätzen, Fahrstühlen, Menschmengen, Warteschlangen u. a., kurz: Angst davor, das Haus zu verlassen.

findet einen unerschütterlichen Mann, der in seiner Beschützerrolle unentbehrlich wird. Dadurch hält er jedoch die Ängstlichkeit der Frau aufrecht und hemmt ihre Initiative, während sie ihm ihrerseits die Kontrolle der äußeren Lebensumstände überläßt und sich darauf beschränkt, die Machtbalance durch ihre phobische Symptomatik aufrechtzuerhalten (s. Fall 2).

Fall 2: Frau K. (35 Jahre alt) hatte seit der Geburt ihres zweiten Sohnes vor sechs Jahren zunehmend häufiger und stärker Angstattacken erlebt, wenn sie das Haus verlassen wollte, allein im Auto fuhr, in die Kirche ging oder in Kaufhäusern an der Kasse warten mußte. Ihr Mann war ein zuverlässiger und ruhiger Mann, der Frau K. alles abnahm, was ihr schwerfiel. Er holte im Dunkeln Zigaretten für sie, begleitete sie auf Autofahrten und beim Einkaufen. Frau K. war als Einzelkind einer alleinerziehenden Mutter aufgewachsen, die sie hütete wie ihren Augapfel, (Das Bindungsmuster fällt in die Kategorie c von Tabelle 3). Durch ihre eigene Tüchtigkeit und Überfürsorglichkeit hatte die Mutter Frau K. wenig Gelegenheit gegeben, in der Erkundungsphase Selbständigkeit zu erlernen. Als Frau K. sich in Behandlung begab, war ihr Mann zunächst einverstanden. Als sie wieder Autofahren konnte, trennte er sich abrupt von ihr und gestand ihr, schon eine Außenbeziehung zu haben.

Bei beiden Beziehungstypen wird die zirkuläre Kausalität und die komplementäre Bezogenheit der Verhaltensmuster aufeinander deutlich. Beide Beziehungstypen sind außerdem patriarchalisch, indem der Mann dabei die äußerlich machtvollere Rolle übernimmt. Diese Beziehungsformen sind symptomatisch für unsere Gesellschaft.

Empirisch ist die komplementäre Partnerwahl oft und meistens mit negativem Ergebnis untersucht worden. Einfache Komplementaritäten wie Dominanz und Abhängigkeit scheinen nicht zu existieren (vgl. Zimmer, 1985). Allerdings ist es fraglich, ob es sich um Bedürfnisstrukturen handelt, die in Fragebogen in bewußter Weise beschrieben werden können. Vielmehr erscheinen die Komplementaritäten oft komplex, wie an folgendem Beispiel deutlich wird.

Fall 3: Die beiden waren offensichtlich in vieler Hinsicht gegensätzlich. Herr T: introvertiert, rigide, von blasser Hautfarbe und unscheinbarer körperlicher Erscheinung. Sie: rotwangig, extravertiert und von barocken Formen. Sie war als älteste Schwester von vier Brüdern aufgewachsen und hatte ein bemerkenswertes Trotzpotential entwickelt, um die Brüder vor den Anforderungen und den Strafen der Eltern zu schützen. Er war bei seiner depressiven Großmutter und einem oft abwesenden Großvater aufgewachsen und hatte gelernt, die wichtigen Dinge des Lebens für sich allein zu ordnen. Der zum Chaos neigenden Frau war sein Hang zu Ordnung und Systematik eine wohltuende Ergänzung. Und ihre tatkräftige Vitalität tat ihm so gut – er hatte sie bei seiner Bezugsperson, der Großmutter, ganz und gar vermißt.

Außerdem könnten Komplementaritäten an bestimmte Lebensphasen gebunden sein und sich daher bei Betrachtung vieler unterschiedlicher Paare ausgleichen. In diesem Sinne postulieren Kerkhoff und Davis (1962), daß am Anfang einer Beziehung Gleichheit der Interessen und Übereinstimmung der sozialen Herkunft eine Rolle spielen (s. Filtermodell für die Partnerwahl). Derartige Kriterien werden auch von professionellen Heiratsvermittlern erfolgreich herangezogen. Die Ähnlichkeit geht bis in körperliche Details wie Blutdruck und Größe der Ohrläppchen. Wie wichtig es für ihre Beziehung ist, daß sich ihre Bedürfnisse und Fähigkeiten ergänzen, können viele Paare erst relativ spät akzeptieren. Eine Vielzahl unterschiedlich komplementärer Beziehungsmodelle hat Reiter (1983) beschrieben.

Filtermodell für die Partnerwahl
(nach Kerkhoff und Davis, 1962)

I. Attraktion am Anfang: soziale Ähnlichkeit

1) das gleiche Alter
2) die gleiche ethnische Herkunft
3) die gleiche sozio-ökonomische Schicht
4) die gleiche Religion
5) die gleiche Erziehung
6) sie leben im gleichen Dorf oder in der gleichen Stadt
7) die gleiche Körpergröße
8) geistige Gesundheit
9) physische Gesundheit
10) gleiche Interessen (Sport, Hobbies, Spaß)

II. Stabilität nach 5 Jahren: Ähnlichkeit in den Werten
1) politische
2) ästhetische
3) ethische
4) geistige
5) spirituelle
6) sexuelle usw.

III. Stabilität nach 10 Jahren: Komplementarität der Bedürfnisse
1) Urteilsstil: gefühlsmäßig – rational
2) Wahrnehmungsstil: spekulativ – empfindend
3) Extraversion – Introversion
4) bewundern – bewundert werden
5) kontrollieren – kontrolliert werden
6) versorgen – versorgt werden
usw.

In der Paartherapie kann die Beziehung auf eine erweiterte Basis gestellt werden, wenn die Partner von den individuell vorgeprägten und in der Beziehung verfestigten emotionalen Mustern abrücken und neue Reaktionsweisen zulassen. Die dazu erforderlichen gefühlsmäßigen Ressourcen sind oft verschüttet. Die Fertigkeit des Therapeuten besteht deshalb darin, alternative Emotionen schon im Ansatz, etwa an der Mimik und anderen nonverbalen und verbalen Anzeichen zu erkennen und sie für die Interaktion zwischen den Partnern zugänglich zu machen. Da beide in der Regel darauf nicht vorbereitet sind, entwickeln sich dann häufig spontan und in unvorhersehbarer Weise neue, belebende Aspekte der Beziehung. Ebensogut kann es zu einer Krise kommen, wenn die gewohnten Interaktionsformen zusammenbrechen.

3. Familienzyklen

Wenn man seine Kinder heranwachsen sieht, kann man vielleicht beobachten, wie sie ihre spezifischen Probleme entwickeln, diese später mit in die Ehe nehmen und auf ihre Kinder übertragen. Es ließe sich auch umgekehrt sagen: Die Probleme der Eltern sind nicht losgelöst von denjenigen der Kinder zu sehen, und es ist sinnvoll, die Entwicklung eines Individuums im Familienzyklus zu betrachten.

Duvall (1977) unterscheidet im Lebenszyklus der Familie acht Phasen (in Klammern die ungefähre Dauer jeder Phase):

	Dauer der Beziehung
1. Das verheiratete Paar ohne Kinder (2 Jahre).	0–2
2. Die Reproduktionsphase, in der die Kinder nicht älter als 30 Monate sind (2–3 Jahre).	2–5
3. Die Familie mit Vorschulkindern, in der die Kinder nicht älter als 6 Jahre sind (3–4 Jahre).	5–8
4. Die Familie mit Schulkindern: das älteste Kind ist zwischen 6 und 13 Jahren (7 Jahre).	8–15
5. Die Familie mit Teenagern: das älteste Kind ist zwischen 13 und 20 Jahren (7 Jahre).	15–22
6. Die Familie mit Kindern, die sich ablösen (8 Jahre).	22–30
7. Das Paar vom „leeren Nest" bis zur Pensionierung (15 Jahre).	30–45
8. Das alternde Paar: Verwitwung und Tod des Partners (10 bis 15 Jahre).	45–

Der Familienzyklus ist von der individuellen Entwicklung der beiden Ehepartner überlagert. Während Freud und Piaget sich mit der emotionalen und der kognitiven Entwicklung bis etwa zur Pubertät befaßten, haben Erikson (1959), Kohlberg (1976) und Kegan (1986) die Weiterentwicklung des Selbst beschrieben. So folgt nach Erikson auf die Phase der Kindheit (mit den thematischen Schwerpunkten: Vertrauen – Mißtrauen, Selbständigkeit – Scham, Imagination – Realität, Initiative – Schuld und Fleiß – Minderwertigkeit) die Pubertät mit ihren Identitätskonflikten bzw. ihrer Rollenkonfusion. Im frühen Erwachsenenalter werden dann Probleme der Intimität und Abgrenzung wichtig. Daran schließt sich der Konflikt zwischen Autonomie und Verpflichtung in der Paarbeziehung an. Bedeutsam für das Erwachsenenalter sind zudem der aufkommende Kinderwunsch und die berufliche Leistungsfähigkeit sowie die Überwindung von geistiger und emotionaler Stagnation. Schließlich, nach der Lebensmitte, tritt das Individuum in die Phase, in der emotionale wie soziale Stabilität angestrebt und Verzweiflung überwunden werden muß. In all diesen Lebensabschnitten werden im günstigen Fall unterschiedliche Ziele für die Individuation erreicht: In der Kindheit sind es Optimismus, Kontrolle,

Tab. 4: Individuelle Entwicklungsstufen in den Etappen der Familienentwicklung

Alter	Etappe	Dauer der Beziehung	Paar-Themen	Konflikt-Themen (Erikson)	Selbstentwicklung (Kohlberg/Kegan)
55–		35–	Ende Transzendenz		
45–55	reifes Erwachsenenalter	25–35	Überwindung von Stagnation	Weisheit	
35–45	mittleres Erwachsenenalter	15–25	Vertrauen Sorge Altruismus	Dauerhafter Affekt und Produktion	Idealismus Prinzipien
27–35		7–15	Identität	Produktion	
24–27		4–7	Verpflichtung	Reproduktion	
22–24	Elternschaft	2–4	Macht	Reproduktion	Loyalität gegenüber Institutionen
20–22	Heirat	0–2	Intimität	Liebe und Zugehörigkeit	(Konformismus Opportunismus Impulsivität Vereinnahmung)

Phantasie, Eifer und Kompetenz, in der Pubertät Selbtsicherheit, danach Liebe, Hingabe, dann Bindung, Reproduktion; darauf Produktivität und dauerhafter Affekt sowie später Weisheit (s. Tab. 4).

Die in dieser Entwicklung auftretenden Krisen werden nach Kohlberg von Etappen der moralischen Reifung begleitet. Die Moral geht von den kindlichen Formen der präsozialen Moral (1) des Säuglings (der verlangt, was er benötigt) und der opportunistischen Moral im Vorschulalter (2), die unmittelbar durch Belohnung und Vermeidung von Strafe bestimmt ist, in die pragmatische Moral (3) im Grundschulalter über, in der sich das Kind nach den günstigsten Bedingungen entscheidet und abwägt, ob es Strafe riskieren soll. In der Pubertät beginnt das Individuum, auf die Beziehungen zu anderen mehr Rücksicht zu nehmen, d.h., die Moral ist sozial bestimmt (4). Im höheren Erwachsenenalter kommt der Bürger dazu, auch die unangenehmen Konsequenzen des Gesetzes zu akzeptieren, damit die Gemeinschaft als Ganzes erhalten bleibt (5).

Während die ersten drei kindlichen Moralstufen als „präkonventionell", die mittleren beiden Stufen (4 und 5) als „konventionell" betrachtet werden, folgt im günstigen Fall im höheren Alter eine Phase der Innenleitung, in der das ethische Gesetz mehr gilt als die Konvention („postkonventionelle" Moral, 6); d.h., die Ethik wird unabhängig von den Umständen befolgt.

Diese letzte Stufe in der Selbstentwicklung ordnet Kegan dem Prinzip des Idealismus zu, die vorangehenden dem der Loyalität (5), des Konformismus (4), des Opportunismus (3), der Impulsivität (2) und der Vereinnahmung (1). Nach seiner Meinung bleiben die meisten Menschen auf den Stufen 3, 4 oder 5 stehen. Man darf nicht übersehen, daß dieses Entwicklungsmodell deutlich an einer männlichen Weltsicht orientiert ist. Frauen sind in allen Aspekten mehr bindungsorientiert und weniger auf Unabhängigkeit ausgerichtet als Männer.

Eine Paarbeziehung wird nicht immer auf der höchsten Stufe der moralischen Entwicklung gelebt. Häufig scheint eher die Maxime „Auge um Auge, Zahn um Zahn" (Stufe 2) vorzuherrschen, und mancher gilt unter seinen Bekannten als „edler Ritter" oder „loyaler Bürger" und entpuppt sich bei näherem Hinsehen als Haustyrann (Stufe 3). Bedeutsam ist, daß sich eine Beziehung entwickeln muß, um lebendig zu bleiben, so wie die Partner auch ihre individuelle Entwicklung nicht aufhalten können. Sie können nicht in dem Zustand verharren, der sie am Anfang glücklich gemacht hat, obwohl viele Menschen unreflektiert von dieser Illusion ausgehen. Insbesondere kann es zum Problem werden, wenn die individuelle Entwicklung der beiden Partner auseinanderklafft. Oder wenn sich die Partner in der Beziehung in zwei unterschiedlichen Phasen befinden und dann einer der beiden, z.B. die Frau, einen „Individuationsschub" erlebt, wenn sie sich wieder ihrer Karriere zuwendet, nachdem die Kinder im Schulalter sind.

Bader und Pearson (1988) haben die Entwicklung der Paarbeziehung in Analogie zur Entwicklung der Beziehung des Kindes zu den Eltern betrachtet, wie sie Margret Mahler (1972) beschrieben hat. Der Säugling nimmt zunächst nichts außer sich selbst war (autistische Phase); danach erst beginnt die Analogie zur Paarbeziehung: Einer Phase der Symbiose folgt eine der Differenzierung und schließlich im Fall einer reifen Beziehung die der Konsolidierung bzw. inneren Festigung. In der symbiotischen Phase der Verliebtheit wird von beiden der Grad der Gemeinsamkeit überschätzt und die Unterschiedlichkeit ignoriert. Später versuchen beide – nicht unbedingt zeitgleich – ihre persönliche Autonomie zurückzugewinnen, wobei sie sich im günstigen Fall gegenseitig nicht verletzen und schließlich eine konsolidierte Form des Zusammenlebens erreichen, in der einvernehmlich geklärt ist, was in ihrer Beziehung als gemeinsam und was als getrennt gilt (Abb. 5). Diese Entwicklung birgt verschiedene Konfliktherde. Einmal kann die Beziehung auf dem Niveau einer harmonischen Symbiose festgehalten werden, in der es nicht möglich ist, sich zu streiten. Die Partner teilen alle Bereiche und beanspruchen keine Eigenständigkeit für sich. Minuchin (Minuchin, Rosman und Baker, 1981) nennt solche Systeme „verstrickt" (s. Fall 4).

Fall 4: Herr H., ein liebenswürdiger Fünfziger in seinen besten Jahren, litt unter melancholischen Verstimmungen an den Wochenenden, die mit unerklärlichem Weinen und dem Gefühl von schweren Beinen einhergingen, für die es keinen organischen Befund gab. Herr H. hatte seinen Vater nie gesehen, weil der im Krieg fiel, bevor sein Sohn geboren wurde. Die ersten vier Jahre seines Lebens wurde Herr H. ins Waisenhaus gesteckt, denn seine psychisch labile Mutter war nicht in der Lage, für ihn zu sorgen. Später hatte sie ihn zwar zu sich genommen, aber zwischen den beiden konnte sich kein herzliches Verhältnis entwickeln. Seit mehr als fünfundzwanzig Jahren war Herr H. mit einer sehr liebevollen Frau verheiratet, die ganz in der Fürsorge für ihren Gatten aufging und dabei nach und nach alle weiblich-erotischen durch mütterliche Körperformen ersetzt hatte. Die beiden hatten in den letzten zwanzig Jahren keine intimen Beziehungen mehr gehabt. Sie stritten sich niemals, jeder versuchte es dem anderen, soweit es ging, recht zu machen. Sie hätten sich niemals trennen können, obwohl ihre Ehe nur noch sehr begrenzt funktionierte. Herr H. hatte eine Frau gefunden, die ihm alles das geben konnte, was er als Kind vermißt hatte, und um das Risiko des Verlassenwerdens – sein größtes Trauma – aus der Welt zu schaffen, wurde jeder Streit aus der Ehe verbannt und alles in Wohlwollen eingehüllt. Man kann sich aber nur so nahekommen, wie man sich gelegentlich voneinander entfernen kann.

Ein zweiter Konfliktherd kann in einer aggressiven Symbiose liegen. Die Partner streiten sich permanent nach demselben Muster, etwa dem der depressiv-kritischen Beziehung (s. Fall 5). Sie können sich aber nicht trennen, obwohl sie sich gegenseitig die Hölle bereiten: Es scheint fast, als ob sie sich erst gegenseitig spüren, wenn sie sich wehtun.

Fall 5: Herr und Frau B. hatten eine stattliche Familie: Zwei Kinder im Schulalter, Frau B. war halbtags als Krankenschwester tätig, er, von eindrucksvoller männlicher Erscheinung, jettete als gehobener Manager einer großen Computerfirma durch die Welt. Der Streit lief typischerweise wie das folgende Beispiel ab: Er sagt, sie möchte doch nicht in Anwesenheit der Kinder rauchen, sie empfindet das als Kritik (was er bestreitet) und schweigt. Er fühlt sich abgelehnt und wird lauter. Sie bekommt Angst und schließt sich in ihr Zimmer ein. Er interpretiert das als Verachtung und tritt die Tür ein. Beide mißverstehen sich natürlich zunächst, und der Rest ist eine fast automatisch ablaufende Eskalation, an deren Ende sich alle Befürchtungen bewahrheitet haben: er bedroht sie, und sie lehnt ihn ab. Ein Teil der Erklärung für dieses Muster ist die Biographie der Frau. Ihr Vater war Alkoholiker, der die Mutter im Suff mißhandelt hatte, als die Tochter klein war. In ihrem Partner hat sie einen Mann gefunden, der zu cholerischen Reaktionen neigt wie ihr Vater, bei dem sie aber ansonsten guten Grund zur Annahme hat, daß sie von ihm Respekt und Schutz erhält, was sie bei ihrem Vater immer vermißt hatte.

In der nächsten Phase, der Differenzierung, wartet weiterer Konfliktstoff, wenn ein Partner durch die Entwicklung des anderen verunsichert wird (s. Fall 6).

Fall 6: Frau S. war sehr jung und wohlbehütet, als ihr Mann, 10 Jahre älter und ein weitgereister Exportkaufmann, sie heiratete. Sie geriet praktisch von einer behüteten Situation in die nächste, in der sie sich ihrem Mann gern unterordnete, der von den meisten Dingen sowieso mehr verstand. Als die Kinder alt genug waren, begann sie, an Abendkursen und Selbsterfahrungsseminaren teilzunehmen, erlernte schließlich das Schreinerhandwerk und machte einen Möbelladen auf. Im Laufe dieser sich über vier Jahre hinziehenden Entwicklung lernte sie auch Männer kennen, die an ihr ganz andere Seiten bewunderten als ihr eigener Mann. Aufgrund dieser Angebote und ihrer zunehmenden Unabhängigkeit mußte der Ehemann mit Recht fürchten, ins Abseits zu geraten, und die Ehe wäre sicher zerbrochen, wenn sich nicht die beiden in einer Paartherapie bemüht hätten, das Verständnis für den anderen aufrechtzuerhalten und die Entwicklung der Frau für eine veränderte Basis der Ehebeziehung zu nutzen.

4. Zusammenfassung

Emotionen sind die Grundlage unserer Verhaltensentwürfe und dessen, was wir am Leben als lebendig empfinden. Sie sind auch die Grundlage für das, was wir als Glück und Unglück in Beziehungen erleben. Der Funktionalismus geht davon aus, daß Gefühle eine schnelle Orientierung in einer neuen Situation, etwa der Bewertung und der Aktivierung des Organismus, ermöglichen und daß sie ein Instrument nicht-verbaler Kommunikation darstellen. Außerdem verfügen Menschen über Vernunft, Logik und ein Wertesystem zu ihrer Orientierung, die sich in der Sprache darstellen lassen, die aber im Gegensatz zum Emotionsausdruck unterdrückt werden kann. Die emotionale Handlungsorientierung ist phylogenetisch älter als die Vernunft. Emotionen haben als Anpassungsreaktionen immer ein Objekt und ein Ziel. Liebe ist ein Grundgefühl. Sie hat als Objekt die geliebte Person und als Ziel die Vereinigung mit ihr. Emotionale Erfahrungen werden im szenischen Gedächtnis gespeichert, so wie das propositionelle, also lexikalische Gedächtnis der Vernunft entspricht. Der Zugang zur gefühlsmäßigen Orientierung wird daher durch die Vorstellung von Szenen und Bildern erleichtert („Erinnern Sie sich daran, wie Sie zum ersten Mal mit Ihrer Frau ausgegangen sind?").

Nach Bowlby differenziert sich die Gefühlswelt des Kindes in zwei Etappen: der Bindungsphase (Liebe, Angst, Wut, Trauer) und der Erkundungsphase (Neugier, Schreck, Ekel). In der Reproduktionsphase im Erwachsenenalter machen sich Defekte in der Beziehung zum Partner bemerkbar (Angstbindung, Isolation, Ambivalenz), wenn das Kind nicht die Bindungs- und die Erkundungsphase befriedigend durchlaufen hat.

Das verinnerlichte Bild einer vetrauten Bezugsperson ermöglicht die Ablösung von ihr und die selbstsichere Exploration der Umwelt. Beides ist die Voraussetzung für Nähe und Unabhängigkeit in Liebesbeziehungen. Andernfalls finden gegenseitige Über-

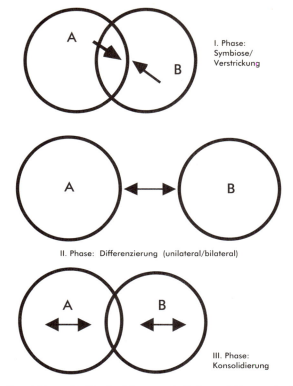

Abb. 5: Entwicklung der Paarbeziehung nach Bader und Pearson in Analogie zur Eltern-Kind-Beziehung nach M. Mahler

forderungen statt. Da der Partner die unbewußten Wünsche des anderen nur sehr selten von sich aus erkennen bzw. erfüllen kann, sind Konflikte oft vorprogrammiert.

Während des gesamten Erwachsenenalters – auch innerhalb langdauernder Zweierbeziehungen und nach Gründung einer Familie – entwickelt sich das Individuum ständig weiter. An Freuds psychosexuelle Entwicklungsthese der Kindheit anschließend, hat Erikson mehrere Stufen der Reifung bis zum Alter beschrieben. Als wesentliche Ziele folgen aufeinander: Liebe, Hingabe; dann Autonomie, Reproduktion; weiter Produktivität und dauerhafter Affekt sowie später Weisheit.

Diese motivationale Reifung wird von der Entwicklung der Moral (Kohlberg) und der des „Selbst" (Kegan) begleitet: a) die „präkonventionelle" Moral (Vereinnahmung, Impulsivität und Opportunismus); b) die „konventionelle" Moral (Konformismus, Loyalität) und c) die „postkonventionelle" Moral (Idealismus). Sie stellen Stufen einer Leiter dar, von denen die letzten nur von wenigen Menschen erreicht werden.

Zum großen Teil unabhängig von diesen individuellen Reifungsprozessen setzt sich das Paar mit Themen auseinander, die auch den anderen betreffen wie: Intimität, Macht, Verpflichtung usw. Die Beziehung selbst macht dabei Veränderungen durch, die jeweils unvollständig bewältigt sein können und sich nach Bader und Pearson grob in drei Phasen unterteilen, nämlich eine anfängliche Symbiose, eine Zeit der Differenzierung und Autonomisierung und schließlich die einer Konsolidierung der Beziehung. Das Ehepaar steht außerdem inmitten der Entwicklung seiner eigener Familie, die es von Zeit zu Zeit vor neue Situationen stellt: die Geburt des ersten Kindes; die Vorschulzeit; die Schulzeit; das Jugendalter der Kinder; die Zeit, in der die Kinder das Elternhaus verlassen; die Periode der Enkelkinder usw.

Der mehrfach geschichtete Lebenszyklus aus individueller emotionaler und moralischer Reifung sowie Wachstum der Zweierbeziehung und Entwicklung der Familie wird von den Defekten der eigenen Entwicklung während der Kindheit überschattet. Daraus wird deutlich, daß das Zusammenleben mit einem Partner viele Krisenherde birgt. Es bleibt nur lebendig, wenn diese Prozesse Bestandteile der partnerschaftlichen Kommunikation werden und die Beziehung nicht durch Defizite einseitig bestimmt wird, die aus der Kindheit herrühren. Beziehungskrisen können u.a. auf drei Ursachen beruhen:

1) darauf, daß die Bedürfnisstrukturen der Partner in einer Weise komplementär sind, daß sie die Entwicklung der Individuen oder der Beziehung verhindern;
2) darauf, daß die Beziehung und die Art miteinander umzugehen, eingefroren ist;
3) darauf, daß die individuelle Entwicklung der Partner der Entwicklung der Familie widerspricht.

Die Krisen der Paarbeziehung sind immer tiefe emotionale Krisen und gehen oft mit entsprechenden irrationalen Ideen einher, die überhöhte Liebesansprüche in Lebensmaximen umsetzen und verfestigen.

Daraus ergeben sich für die Paartherapie drei Aufgaben:
a) die Bewußtmachung der Projektionen, die den Partner überfordern;
b) die gegenseitige Förderung der individuellen Entwicklung;
c) die Überwindung der Stagnation in der Beziehung selbst.

Die therapeutischen Interventionen hierzu beziehen sich auf das Zwiebelmodell (s. Kap. I.2), auf unterschiedliche „Schalen": auf das Unbewußte (Träume, Hypnose), die Affekte, das Bewußtsein (Vorstellung, Partnerbild), die Kommunikationsfertigkeiten, Handlungsebene (Sexualität, Austausch) und die Interaktion (Konfliktlösung, Regeln). Diese Ebenen werden in Kap. VI nacheinander betrachtet.

IV. Sexualität

Funktionelle Sexualstörungen und Beziehungsstörungen sind zwei Seiten derselben Medaille und sollten daher gemeinsam behandelt werden (Arentewicz und Schmidt, 1980). Eine strikte psychophysische Parallelität scheint jedoch zwischen diesen Bereichen nicht gegeben zu sein. Vielmehr tragen manche Paare ihre Konflikte mehr auf der verbalen, andere mehr auf der sexuellen Ebene aus. Deshalb ist es immer sinnvoll, in der Paartherapie frühzeitig nach der sexuellen Beziehung zu fragen. Und es ist genauso sinnvoll, in der Sexualtherapie die nicht-sexuelle Kommunikation zu beleuchten.

1. Kulturelle Normen

Unsere nächsten Artverwandten, die Affen, haben polygame und monogame Formen der Sexualität entwickelt, und man kann aus der Körpergröße, dem Hodengewicht, der Schwellfähigkeit der Schamlippen und der Dauer des Geschlechtsakts ablesen, daß Menschen offenbar eher eine geringe Tendenz zur Polygamie haben (s. Kasten auf Seite 26). Als Besonderheit sind Menschen im Gegensatz zu den Tieren mit dem Geschenk der „Dauerbrunft" ausgestattet. Die Sexualität ist beim Menschen ein allzeit stimulierbares Bedürfnis – zu seinem Fluch oder zu seinem Glück.

Die Normen bezüglich der Sexualität haben sich in den letzten hundert Jahren radikal geändert. Während im Altertum bei Griechen und Römern Sexualität und Liebe offenherzig gehandhabt wurden, hatte sich im Mittelalter durch den Einfluß der Kirche eine prüde Haltung verbreitet, die durch die Kultur der Minne in merkwürdiger Weise überlagert wurde. Unter Rittern war es üblich, für die Liebe zu einer verheirateten Frau in den Krieg zu ziehen, ohne daß sich diese Liebe je sexuell erfüllte. Tristan und Isolde waren da eher eine Ausnahme. Trotz Aufklärung und Romantik ist die Prüderie noch im letzten Jahrhundert und zu Freuds Zeiten stark spürbar, und eine sexuelle Befreiung beginnt erst in den 30er

Jahren des 20. Jahrhunderts. Damals gründete Wilhelm Reich auf der Grundlage seiner Orgasmus-Ideologie 1929 den „Reichsverband für Sexualpolitik" mit Beratungsstellen für Aufklärung, Verhütung und Abtreibung (Sexpol-Bewegung). Reich sah im Orgasmus einen natürlichen Reflex, der die Energie im Körper harmonisiert und dessen Verhinderung er für die Ursache körperlicher und psychischer Störungen hielt. Er war seiner Zeit weit voraus, denn die sexuelle Revolution vollzog sich in Westeuropa und den USA erst in den 50er Jahren und ging mit der Emanzipation der Frau einher (s. Kasten).

Der Wandel der Meinungen über die Sexualität

Viktorianische Epoche: *„Sexualität ist unfein"*
„Zum Glück für die Gesellschaft läßt sich die Idee, daß Frauen sexuelle Empfindungen haben, als üble Verleumdung abtun" (Lord Acton 1840).

S. Freud (1910): *Die Überlegenheit des Mannes*
„Die weibliche Sexualität muß von einer klitoralen zur vaginalen reifen, denn die Klitoris ist ein männliches Organ, daß dem Penis unterlegen ist, während die Vagina als rezeptives Organ der geeignete Ort für die weibliche Sexualität ist."

K. Horney (1926): *„Der Penisneid existiert nicht"*
Aufgrund der Befunde in anderen Kulturen unterstreicht K. Horney den gesellschaftlichen Einfluß auf die Orgasmusfähigkeit der Frau. Die Anthropologin Margret Mead beobachtete, daß der weibliche Orgasmus in Kulturen die Regel ist, die daran glauben (z.B. die Mundugumur in Neu-Guinea), während sich in Kulturen, die nicht daran glauben, die Fähigkeit dazu nicht entwickelt (z.B. bei den Arapesh in Neu-Guinea).

A. Kinsey (1948): *„Sexuelle Variation ist natürlich"*
Befragungen an mehr als 17000 Personen ergaben, daß eine große Vielfalt in der Art des Geschlechtsverkehrs verbreitet ist, darunter unterschiedliche Positionen, Masturbation, Analverkehr und Homosexualität. Der Autor hielt allerdings eine vaginale Sensibilität der Frau für unmöglich.

W. Masters und V. Johnson (1969): *Sexualität im Labor*
Nach physiologischen Messungen unterteilt sich die sexuelle Aktivität in vier Phasen, die bei Mann und Frau analog sind: Erregung, Plateau, Orgasmus und Entspannung. Die Autoren fanden, daß die Frau zu mehrfachen Orgasmen fähig ist, die jedoch lediglich klitoral ausgelöst werden.

J. Perry und B. Whipple (1981): *„Zwei Typen von Orgasmus"*
In Befragungen und Laborexperimenten fanden die Autoren, daß Frauen in der Vagina einen sensiblen Punkt haben, dessen Reizung einen Orgasmus auslöst (Grafenberg-Punkt). Außerdem können Frauen durch die Harnröhre eine Flüssigkeit ejakulieren, die dem Prostatasekret des Mannes entspricht. Daneben gibt es einen andersartigen, klitoral ausgelösten Orgasmus. Der Mann ist ebenfalls zu mehrfachen Orgasmen fähig, die in der Sekretion der Prostata ohne Ejakulation des Spermas bestehen.

Die Jungfräulichkeit spielt in der Kultur der Sexualität eine bedeutende Rolle. Das Jungfernhäutchen ist eine Membran, die als funktionsloser Rest aus der embryonalen Geschlechtsentwicklung übriggeblieben ist. Sie ist fast nie vollkommen verschlossen und schützt die Vagina daher auch nicht vor Krankheitserregern. In patriarchalischen Kulturen, in denen die Frauen Objekte des käuflichen Erwerbs oder des Raubs sind, gilt die Jungfräulichkeit als ein Zeichen der Reinheit und des Wertes einer Frau. In anderen Kulturen ist es manchmal umgekehrt: Der Wert einer Frau steigt mit ihrer sexuellen Erfahrung. Daher gilt die Jungfräulichkeit dort als unehrenhaft. Auf Madagaskar entjungfern sich die Mädchen selbst, und in einigen Teilen Indiens tun dies die Mütter in einer nächtlichen Zeremonie. Marco Polo erzählt die Anekdote, daß sich in Tibet zu seiner Zeit Männer nicht mit einer Jungfrau verheirateten und die Väter Besuchern ihre Töchter für eine Liebesnacht anboten. Mit Geschenken, die anläßlich solcher Amouren gesammelt wurden, demonstrierten die Frauen ihre Liebeserfahrung.

Eine ebenfalls interessante Kulturgeschichte hat das Phänomen der weiblichen Ejakulation. Während die Prostata als ein männliches Organ angesehen wird, haben etwa 50% der Frauen ebenfalls prostataähnliches Drüsengewebe in der Nähe des Harnleiters (Nieden, 1993). Im Embryo findet sich dieses Gewebe bei beiden Geschlechtern, und erst in der Pubertät bewirkt die vermehrte Androgenproduktion im Mann die Ausbildung der eigentlichen Prostata als das Organ, das eine Flüssigkeit produziert, die die Spermien zum Ejakulat verdünnt. Dennoch sind viele Frauen dazu in der Lage, ebenfalls eine solche Flüssigkeit zu produzieren und während des Orgasmus durch die Harnröhre auszuscheiden. Die weibliche Ejakulation wird häufig schamhaft mit Urinieren verwechselt. Ihre Existenz war schon griechischen Forschern wie Hippokrates (460–377 v.Chr.), Aristoteles (384–322 v.Chr.) und Galen (131–199) bekannt. So heißt es etwa bei Aristoteles (nach Nieden, 1993): „Man glaubt nicht, daß die weibliche Ejakulation zur Befruchtung beiträgt, sondern lediglich dazu, daß die Frau das gleiche Vergnügen beim Orgasmus habe wie der Mann. Es handelt sich lediglich um ein lokales Phänomen der Sexualorgane. Die weibliche Ejakulation, sofern sie eintritt, ist von größerer Quantität als beim Manne."

In der Auffassung jener Zeit war die Frau lediglich der fruchtbare Ackerboden, auf den der Samen des Mannes fällt; der Ovulationsprozeß war noch unbekannt. Damit verbunden hat sich die Auffassung gehalten, daß die Lust der Frau unwichtig sei, während die des Mannes unausweichlich mit dem Akt der Befruchtung verbunden ist und sie ihm deshalb im Gegensatz zur Frau zugestanden wird. Erst 1875 beobachtete der Biologe Hertwig zum ersten Mal den Befruchtungsvorgang bei einem Seeigel unter dem Mikroskop. Damit war der machistische Traum vom Mann als alleinigem Schöpfer des Lebens beendet.

2. Sexualität von Frau und Mann

Sexualität ist die Komponente der Liebesbindung, die am stärksten empfunden wird und bei der der Mensch am ehesten zu seinen Instinkten zurückfinden kann. Das mag ein Grund dafür sein, daß Sexualität gleichermaßen wünschenswert und bedrohlich erscheint. Reich (1933) hat die Orgasmusfähigkeit als biologisch normales Erleben hervorgehoben, das so stark ist, daß es die gesellschaftlichen Machtstrukturen in Frage zu stellen in der Lage ist und daher die bürgerliche Einheitsfamilie als repressives Instrument auf den Plan gerufen hat. In ihr sind die sexuellen Bedürfnisse durch Inzestverbot, eheliche Treue und Lustfeindlichkeit kanalisiert.

Im Gegensatz zu Freud glaubte Reich, daß die durch eine orgasmusorientierte Sexualität freigesetzten Energien das eigentlich „gesunde" Leben ausmachen und daß durch deren Unterdrückung Neurosen entstehen. Freud dagegen ging davon aus, daß erst durch die Unterdrückung der Sexualität und anderer unwillkürlicher, d.h. triebhafter, Regungen kulturelle Leistungen ermöglicht werden (Freud, 1938, 1972). Tatsächlich hat sich im Laufe der Emanzipation in den letzten fünfzig Jahren eine Abwendung von Freuds Standpunkt durchgesetzt, und Sexualtherapie versteht sich nunmehr eher als Erziehung zu einer freieren sexuellen Erlebnisfähigkeit (vgl. Barbach, 1982; Zilbergeld, 1986; Comfort, 1992).

Sexualität ist Ausdruck körperlicher Intimität und damit ein Teil dessen, was eine vollständige Liebesbeziehung ausmacht. Um diese Intimität aufrechtzuerhalten, ist neben der Ungehemmtheit, der Hingabe und der Variationsfähigkeit in der Sexualität der verbale Austausch über das Erleben wichtig. Es können sich sonst leicht Vorstellungen und Mißverständnisse einschleichen, die Intimität verhindern. In vielen populären Publikationen wie Comics, Groschenromanen und Pornofilmen wird ein verzerrtes Bild der menschlichen Sexualität gezeichnet. Hier werden Mythen verbreitet, wie etwa, daß eine Frau glücklich würde, wenn sich ein überdimensionaler Phallus explosionsartig in ihr entlädt und die sexuelle Vereinigung praktisch einer Vergewaltigung der Frau durch den Mann gleichkommt. Wenn aber der Mann seine eigene Befriedigung hintanstellt und auf die Befriedigung der Frau konzentriert ist, wird sein Bemühen, ihr Lust zu bereiten, oft zum Leistungsstreß und zum Anspruch, der beste Liebhaber der Welt zu sein und dies an der Zahl der Orgasmen zu messen, die er der Partnerin ermöglicht. Beide Extreme mindern die Intimität ebenso, wie dies bei einer durch „Anständigkeit" eingeschränkten Variationsbreite der sexuellen Begegnung der Fall ist.

Sexualität wird von Mann und Frau unterschiedlich erlebt, und doch gibt es viele Gemeinsamkeiten. Um sexuelles Verhalten zu beschreiben, werden für beide Geschlechter vier Phasen des Erregungsverlaufs unterschieden: eine Appetenz-, eine Erregungs-, eine Orgasmus- und eine Entspannungs- bzw. Resolutionsphase.

Unter *Appetenz* wird die Entwicklung des Verlangens nach körperlicher Vereinigung verstanden, das häufig durch physische Reize, aber auch durch die nonverbale und verbale Kommunikation gefördert wird. Hier sind kulturell verankerte Unterschiede wirksam, die sich in der Art ausdrücken, wie sich Mann und Frau in der jeweiligen Gesellschaft dem anderen Geschlecht präsentieren. Während es in der westlichen Welt, besonders den nordeuropäischen Ländern möglich ist, daß Frauen Männern Offerten machen, ist dies in lateinamerikanischen Ländern ungewöhnlich. Innerhalb einer Ehebeziehung ist bekannt, daß Männer sich von Frauen mehr Initiative wünschen, was Frauen in der Regel überrascht. Doch nicht alle Männer können die Übernahme von Aktivität durch die Frau mit ihrem Bild von Männlichkeit vereinbaren, ohne daß ihre Potenz beeinträchtigt wird. Über diese Themen reden Paare gewöhnlich nicht, in der fälschlichen Annahme, daß sie einer Meinung seien. Dabei verpassen sie die Chance, ihre Sexualität zu differenzieren und die Individualität des Partners kennenzulernen.

In der *Erregungsphase* füllen sich die beiden Schwellkörper an der Unterseite des Penis beim Mann bzw. die Gefäße in den Schamlippen und der Scheidenumgebung bei der Frau. Diese Phase geht bei der Frau im Normalfall mit einem Feuchtwerden (Lubrikation) der Scheide einher, die das Eindringen des Penis zu einem lustvollen Gleitvorgang macht. Die Füllung der Schwellkörper beim Mann vergrößert und versteift den Penis und bewirkt so die Erektion, die das Eindringen gegen den Druck des Ringmuskels der weiblichen Scheide ermöglicht. Die Erregung hat für Männer meist einen steileren Verlauf, entsprechend sind Frauen häufig vom mangelnden Interesse der Männer am Vorspiel enttäuscht. Das Vorspiel fördert die Blutzufuhr in die Sexualorgane und erstreckt sich auf eine Vielzahl taktiler, visueller und olfaktorischer Reize. Dabei werden beide Formen des Oralverkehrs, Fellatio und Cunilingus, sowie alle nur denkbaren Formen des Streichelns und Massierens als erregend empfunden.

Beim weiblichen *Orgasmus* wurde früher zwischen klitoralem und vaginalem Orgasmus unterschieden, was heute als unzutreffend angesehen wird. Vielmehr gilt dieser Vorgang als einheitlicher Reflex sich wiederholender Kontraktionen bestimmter Muskelgruppen, der gleichermaßen entweder durch Reizung der Klitoris oder der vaginalen Schleimhaut ausgelöst werden kann. Eine anatomische Struktur an der Vaginaoberfläche, durch deren Reizung der Orgasmus besonders leicht ausgelöst wird (der sogenannte Grafenberg-Punkt), hat sich bisher ebensowenig wie die weibliche Ejakulation widerspruchslos bestätigen lassen. Beim männlichen Orgasmus läßt sich die Emission von der Ejakulation unterscheiden. Während mit der Ejakulation die Beförderung des Ejakulats durch die Harnröhre nach außen gemeint ist, bewirkt durch die quergestreifte Muskulatur der Penisbasis, bedeutet Emission die Kontraktion der inneren Geschlechtsorgane (Samenblase, Prostata und Samenleiter). Hierbei tritt das Ejakulat lediglich in den hinteren Teil der Harnröhre ein. In diesem Moment wird die Ejakulation vom Mann subjektiv als unvermeidlich wahrgenommen.

Die Resolutions- oder *Refraktärphase* dauert nach der Ejakulation im Normalfall erheblich länger als nach dem Orgasmus der Frau, die mehrfach ohne große Unterbrechungen Orgasmen haben kann. Dadurch ergibt sich eine Diskrepanz im Verlangen, die für beide frustrierend sein kann – besonders wenn der Mann ejakuliert, bevor die Frau einen Orgasmus hatte, was allzu häufig der Fall ist.

Besonders die Orgasmus- und die Resolutionsphase werden von Mann und Frau unterschiedlich erlebt. Im schlimmsten Fall besteht der Mann auf einer schnellen Ejakulation, noch bevor seine Partnerin den Höhepunkt ihrer Erregung erreichen kann. Sexualtherapeuten empfehlen dagegen, wie schon traditionelle Quellen des indischen Tantra oder des chinesischen Tao, daß der Mann lerne, seine Ejakulation mit bestimmten Techniken zurückzuhalten (wie zur Behandlung der Ejaculatio praecox), bis die Partnerin mehrmals einen Orgasmus erlebt hat. Er lernt auf diese Weise, eine *Plateauphase* mit hohem Erregungsniveau vor dem Orgasmus zu erleben, die für Frauen normal ist. Darüber hinaus kann er durch Übung erreichen, Emission und Ejakulation zu trennen und eine Art inneren Orgasmus zu erleben, ohne zu ejakulieren. Die Prostataflüssigkeit wird wieder resorbiert, und der Mann erleidet keinen Energieverlust. Er kann diesen Vorgang beliebig oft mit geringer Refraktärzeit wiederholen, so daß beide Partner zugleich oder unabhängig mehrere Orgasmen nacheinander erleben können (Anand, 1990).

3. Sexualstörungen

Die früher üblichen Bezeichnungen „Impotenz" und „Frigidität" für männliche oder weibliche Sexualstörungen gelten heute als zu global und zudem als diskriminierend. Die gängige Klassifikation orientiert sich an den vier genannten Phasen des Erregungsverlaufs.

Bei der Appetenzphase werden sexuelle Aversion und Mangel oder Verlust des sexuellen Verlangens als Störungen genannt. Im ICD-10[5] wird zusätzlich gesteigertes sexuelles Verlangen klassifiziert. In der Erregungsphase können für Mann und Frau gleichermaßen eine Erregungsschwäche oder ein Erregungsverlust vorliegen, die in mangelhafter Blutfülle und geringer Schwellung des Penis bzw. der Schamlippen und der Scheidenumgebung ihren Grund haben. Bei der Frau geht dies mit mangelnder Lubrikation einher.

Orgasmusstörungen bestehen darin, daß der Orgasmus gar nicht oder nur stark verzögert eintritt, und kommen sowohl beim Mann wie bei der Frau vor. Bei Frauen wird von Anorgasmie gesprochen. Als Störung des männlichen Orgasmus kann zusätzlich eine verfrühte Ejakulation (*Ejaculatio praecox*) auftreten, die einen befriedigenden Geschlechtsverkehr für beide Partner behindert. Als speziell weibliche Reaktionen werden zwei schmerzhafte Störungen beschrieben: Beim Vaginismus kommt es beim Versuch der Penetration zu einer reflexartigen Verkrampfung der Scheidenmuskulatur. Als Dyspareunie (kann auch bei Männern vorkommen) werden Schmerzen während des Geschlechtsverkehrs bezeichnet, die auch durch Unterleibserkrankungen ausgelöst werden können.

In der Resolutionsphase können Mißempfindungen auftreten, die zu den Sexualstörungen (Schmerzen, Erschöpfung, depressive oder aggressive Verstimmungen) zählen. In Tabelle 5 sind die häufigsten Störungen noch einmal zusammengefaßt.

Sexualstörungen werden als „primär" bezeichnet, wenn Erregung oder Orgasmus noch nie stattgefunden haben, z.B. auch nicht durch Masturbation; sie werden „sekundär" genannt, wenn sie nur in bestimmten Situationen vorkommen oder zu einem anderen Zeitpunkt abwesend waren. Bevor eine Differenzierung der

---

[5] International Classification of Diseases

Tab. 5: Psychosexuelle Funktionsstörungen im Überblick

Phase	Frau	Mann
Appetenz	Aversion	Aversion
	Hemmung	Hemmung
	Exzeß (Nymphomanie)	Exzeß (Satyrismus)
Erregung	weibliche Erregungsstörung	Erektionsschwäche
Orgasmus	Anorgasmie (primär, sekundär)	Ejaculatio retardata
		Ejaculatio praecox
Schmerzen allgemein	Dyspareunie	Dyspareunie
	Vaginismus	

funktionellen Sexualstörungen vorgenommen werden kann, sind organische Störungen der Sexualität auszuschließen. Dazu gehören bei der Frau beispielsweise eine mißlungene Dammnaht nach der Geburt oder beim Mann die Verengung der Vorhaut (Phimose). Außerdem können Mißbildungen der äußeren Geschlechtsorgane sowie Hymenreste zu Störungen des sexuellen Erlebens führen.

Sexuelle Probleme treten häufig unter Drogeneinfluß auf. So finden sich bei Alkoholikern oftmals Appetenzverlust, Erektionsschwäche oder Ejaculatio praecox, während es bei Heroinabhängen zum Ejakulationsverlust kommen kann. Des weiteren wirken sich viele Neuroleptika, Antidepressiva, Sedativa, Antiepileptika, Beta-Blocker und andere Pharmaka negativ auf sexuelle Appetenz, Erregung und Orgasmusfähigkeit aus.

4. Zusammenfassung

Die menschliche Sexualität unterscheidet sich von der animalischen durch die dauernde Bereitschaft zum Geschlechtsverkehr, dessen längere Dauer und größere Variabilität. Die sexuelle Attraktion macht eine Liebesbeziehung fast unwiderstehlich. Da dies für die Fortpflanzung auch innerhalb einer Beziehung nicht dauernd der Fall sein müßte, ist zu vermuten, daß die Bindung durch Liebe für Menschen eine besondere Bedeutung hat. Etwa könnte sie den Gegenpol zu den allgegenwärtigen Konkurrenz- und Aggressionstendenzen darstellen. Demnach wäre es eine Aufgabe für den Menschen, dieses Geschenk der Natur zu kultivieren.

Die sexuellen Aktivitäten und Störungen gliedern sich für beide Geschlechter gleichermaßen in die vier Phasen: Appetenz, Erregung, Orgasmus, Resolution. Frau und Mann erleben diese Phasen unterschiedlich: Der Frau ist normalerweise ein längeres Erregungsplateau möglich, das der Mann erst einüben muß, indem er lernt, die Ejakulation zurückzuhalten. Vermutlich sind beide Geschlechter zu zwei Typen des Orgasmus und zu multiplen Orgasmen fähig. Der weibliche Orgasmus kann klitoral und vaginal ausgelöst werden, letzteres möglicherweise durch die Stimulation des oberhalb der Vagina gelegenen Gewebes, das der Prostata entspricht (Druck oder Reibung des G-Punktes an der Vaginaoberfläche, etwa 2 cm vom Vaginaeingang entfernt). Beim Mann kann ein Orgasmus (Emission) mit und ohne Ejakulation unterschieden werden. Durch den wiederholbaren Emissionsvorgang ohne Ejakulation sind auch ihm vielfache Orgasmen möglich.

Gründe für sexuelle Störungen sind negative Vorerfahrungen, Traumata und falsche Erwartungen. Ein wesentlicher Teil der Behandlung besteht daher in der Reduktion von Ängsten und falschen Erwartungen, die mit der Intimität, etwaiger Verletzungsgefahr, der Erektionsfähigkeit und möglicher multipler Orgasmen verbunden sein können. Ein wichtiger Aspekt zur Überwindung falscher Erwartungen ist die Kommunikation über das sexuelle Erleben.

V. Liebe

1. Leidenschaftliche Liebe

> Ach, unsere Liebe ist ein harter Strick,
> der uns festzurrt, uns verletzt,
> und wollen wir unserer Wunde entrinnen, uns trennen,
> so schlingt er um uns einen neuen Knoten und verdammt uns,
> daß wir zusammen verbluten und uns verbrennen
>
> (aus Pablo Nerudas Gedicht „Die Liebe", 1977)

Während viele Verhaltensforscher die leidenschaftliche Liebe mit sexueller Begierde gleichzusetzen geneigt sind, halten Philosophen und Dichter sie für eine spirituelle Kraft. Bertrand Russell sagte, sie sei die stärkste Motivation überhaupt, die einen Menschen erfassen kann. Zahllose Dramen aus dem Leben und der Literatur scheinen diese Macht zu bezeugen. Dante sah die 12jährige Beatrice nur einmal und blieb ihr sein Leben lang in Liebe verbunden (sie heiratete später einen anderen und starb lange vor ihm).

Oft scheint der Liebe etwas Tragisches anzuhaften. In den Dramen endet die Liebe mit gewaltsamem Tod wie bei Romeo und Julia oder Tristan und Isolde, mit Trennung wie bei Orpheus und Eurydike oder im Kloster wie bei Abaelard und Eloise. Oder die Liebenden können gar nicht erst zusammenkommen wie bei Cyrano de Bergerac und Roxana, die erst in dessen Todesstunde erkannte, daß die Liebesbriefe wegen derer sie ihren Mann geliebt hatte aus Cyranos Feder stammten. So auch Adele Hugo (der Tochter Victor Hugos) und ihr Offizier. In Japan war in früheren Jahrhunderten gemeinsamer Selbstmord der Liebenden eine gesellschaftlich akzeptable Lösung. In kollektivistischen Kulturen wie China, Indien oder Lateinamerika hatte die Liebe in der Ehe keinen Platz und wurde daher eher als Unglück betrachtet. Aber auch in Europa ist die leidenschaftliche Liebe als Voraussetzung für die Familiengründung erst seit der Romantik, d.h. erst seit rund 200 Jahren, zum Ideal geworden. Während in der Bewertung der übrigen Basisemotionen wie Wut, Freude, Trauer, Ekel, Angst zwischen den verschiedensten Kulturen große Übereinstimmung herrscht, ist dies bei der Liebe außerhalb der westlichen Zivilisationen nicht der Fall. In Europa und den USA allerdings ist „Liebe" ein Zauberwort, und wird in ihrer Wertschätzung nur noch vom Geld übertroffen. Menschen verlieben sich und verbinden damit fast unbegrenzte Hoffnungen – die in den meisten Fällen nicht erfüllt werden. Hypothesen dazu, was die Faszination der Liebe ausmacht, sind von der Antike bis in die Gegenwart zu verfolgen: Vom Mythos göttlicher Strafe bis zur transzendentalen Suche nach einem Lebenssinn (s. Kasten).

Was ist das Geheimnis der Liebe?

Ungnade der Götter
Bei Platon findet sich der Mythos, daß es früher drei Typen von Menschen gegeben habe, die jeweils aus zwei Teilen zusammengesetzt waren: Doppelfrauen, Doppelmänner und Mann-Frauen. Alle hatten zwei Gesichter, vier Arme und vier Beine und konnten in beide Richtungen schauen und gehen. Eines Tages erzürnten sich die Götter über die Menschen, schnitten sie in zwei Teile und verstreuten diese über die Welt. Seit jenen Tagen suchen Männer und Frauen ihre verlorengegangene andere Hälfte. Die homosexuellen Männer suchen eine zweite männliche, die lesbischen Frauen eine zweite weibliche und die Heterosexuellen eine gegengeschlechtliche zweite Hälfte.

Projektion
Auf C. G. Jung geht der Gedanke zurück, daß ein Teil der Attraktion zwischen Mann und Frau darauf beruht, daß jeder Mann einen weiblichen Anteil (Anima) und jede Frau einen männlichen Anteil (Animus) hat. Die damit verbundenen und verdrängten Bedürfnisse werden im anderen besonders deutlich wahrgenommen (projiziert) und üben eine eigenartige Anziehung aus. D.h., der Mann verliebt sich in eine Frau, die z.T. seine Anima repräsentiert, und umgekehrt. Allerdings geht Jung davon aus, daß man mit zunehmendem Alter Anima bzw. Animus integriert und selbst leben kann. Dann würde mit zunehmender Reifung die Fähigkeit zur Verliebtheit ver-

schwinden. Dagegen spricht, daß sich auch Menschen in fortgeschrittener Lebensphase noch heftig verlieben.

Die Flucht vor der Freiheit
Wie andere Kulturpessimisten beklagt Fromm den Instinktverlust, unter dem der Mensch leidet. Im Gegensatz zur Instinktleitung der Tiere muß er sich stets zwischen verschiedenen Verhaltensmöglichkeiten entscheiden. Der Preis für die Freiheit ist die Verantwortung, die wir oft genug gern los wären. So erklärt Fromm faschistische Tendenzen im Menschen, sich Sozialstrukturen zu suchen, in die er sich als Befehlsempfänger eingliedern kann. Daraus leitet sich auch der geheime Wunsch zurück nach einer Instinktbestimmung ab. Nur in der Verliebtheit gibt es kein Zögern über das, was zu tun ist – ein Rest von Instinktleitung.

Transzendenz
Viktor Frankl, der Gründer der Logotherapie, hat darauf gedrungen, daß ein wesentliches menschliches Motiv die Suche nach einem Sinn sei. Und nach Frankl gibt es drei Wege, auf denen man sich befinden kann, um einen Sinn im Leben zu sehen: ein Werk, das dich absorbiert, eine Liebe, der du dich hingibst und ein Leiden, das dich erfüllt. Demnach ist Liebe einer der drei Wege zu einem erfüllten Leben. Frankl selbst überlebte seiner Meinung nach in einem Konzentrationslager des Hitler-Regimes, nur deshalb, weil er innerlich mit einem Buch beschäftigt war, das er schreiben wollte, wenn er wieder in Freiheit war.

Daß Verliebtheit wie ein Rausch erlebt wird, hat physiologische Entsprechungen. Der Körper entwickelt im Zustand der aufgeregten Verliebtheit endogene Substanzen, die Amphetaminen und Kokain ähnlich sind, im Zustand des Liebesglücks solche, die Morphin ähneln, und wenn die geliebte Person sich abwendet oder unerreichbar ist, neigen viele zu Depression und Ängstlichkeit, wie sie sich auch als Entzugserscheinung von Drogen einstellen (Kaplan-Singer, 1979).

Es gibt sogar meßbare Kennzeichen für Verliebtheit: Verliebte schauen sich doppelt so lange und oft in die Augen als gewöhnliche

Gesprächspartner, stehen näher beieinander und neigen sich mehr einander zu, wie Galton schon 1890 ermittelte. Man sagt, Verliebtheit sei ein wetterwendisches Phänomen und sie halte nicht lange an. Es gibt jedoch einige bekannte Ausnahmen wie Dantes Schwärmen für Beatrice oder Cyrano de Bergeracs Leidenschaft für Roxana. Oder auch die Liebe der Adele Hugo für ihren Sergeanten, dem sie ein Leben lang sogar von Frankreich nach Amerika folgte – ohne viel Aussicht darauf, daß er ihre Liebe erwidern würde. Manche Fälle von unerfüllter Liebe erinnern an die fatale Wahrheit, daß Hunde, die man abwechselnd schlägt und liebkost, die treuesten sind. Das erklärt sich so, daß sowohl Angst wie Freude zur Adrenalinausschüttung führen. Die Freude, die der Angst folgt, könnte daher in ihrem Effekt verstärkt werden. Tatsächlich finden Männer und Frauen sich gegenseitig attraktiver, wenn sie vorher einen Dauerlauf gemacht haben oder eine bedrohliche Situation wie den Gang über eine Hängebrücke oder einen Fallschirmsprung überstanden haben.

Obwohl man meinen könnte, so etwas Romantisches wie Liebe sei nur literarisch, aber nicht empirisch faßbar, gibt es zahlreiche Untersuchungen dazu. Eine faktorenanalytische Studie von Swenson (1972) zeigt etwa, daß Liebe fünf unabhängige Aspekte des Verhaltens umfaßt. Die ersten drei beschreiben, was man als Verliebtheit oder leidenschaftliche Liebe betrachten kann: Sehnsucht, Zärtlichkeit und Sorge um den anderen. Die letzten beiden Aspekte, Vertrauen und Toleranz, stellen sich vermutlich erst nach längerer Bekanntschaft ein (s. Tab. 6).

Die ersten drei Komponenten könnte man funktional als Voraussetzung für eine sexuelle Begegnung ansehen. Faßt man die mittleren drei zusammen, so ergibt sich das Bild einer dauerhaften Bindung. Die letzten drei Aspekte dagegen scheinen eine altruistische Form von Liebe zu charakterisieren, die man in der Beziehung einer Mutter zu ihrem Kind findet oder auch bei alten Menschen, die schon lange zusammenleben.

Der Gedanke C. G. Jungs, daß man sich aufgrund seiner eigenen Unreife besonders heftig verliebt, ist auch von Freudianern aufgegriffen worden. Während sich bei Jung die Komplementarität der Geschlechter auf die unentwickelte Anima im Mann und den Animus in der Frau begrenzt, hat Willi (1975) den Begriff der Kollusion eingeführt. Damit bezieht er Freuds Lehre, daß ein Individuum an bestimmte Stufen der psychosexuellen Entwicklung

Tab. 6: Fünf deskriptive Aspekte der Liebe
nach einer Faktorenanalyse von Swenson, 1972

Aspekt	Verhalten	Leidenschaftliche Liebe	Pragmatische Liebe	Altruistische Liebe
I Sehnsucht	Sich sicher, entspannt und wohl fühlen in der Nähe des anderen; sich unsicher, traurig und verzweifelt fühlen, wenn der andere nicht da ist.			
II Zärtlichkeit	Liebeserklärungen; Umarmungen, Küsse; sexuelle Kontakte.			
III Sorge	Interesse ausdrücken; Geschenke; Unterstützung; Verpflichtung.			
IV Vertrauen	Intime Gefühle und Gedanken zum Ausdruck bringen; sein Herz öffnen; sich verletzbar machen.			
V Toleranz	Fehler des anderen akzeptieren; seinen Wünschen und Bedürfnissen nachkommen.			

gebunden (fixiert) ist, auf Paare aus. Nach Willi gibt es jeweils eine progressive und eine regressive Form der Fixierung auf jeder Stufe. Mann und Frau, die auf der gleichen Stufe komplementär fixiert sind, spüren eine magische Anziehung zueinander. Ein Mann mit starken Bedürfnissen, versorgt zu werden („oral-regressiv"), fühlt sich beispielsweise häufig zu einer Frau mit starken Versorgungsbedürfnissen („oral-progressiv") hingezogen und umgekehrt (s. Tab. 7). Diese Komplementarität macht das Paar so lange glücklich, wie sich die individuellen Positionen nicht verhärten und zu überzogenen Erwartungen steigern. In einer gesunden Beziehung können die Rollen getauscht werden, wenn dies durch eine persönliche Krise oder äußere Umstände erforderlich wird. In einer schlechten Beziehung dagegen weitet sich das Bedürfnis unter diesen Umständen zu einer Forderung aus, die dann zurückgewiesen wird und mit Vorwürfen endet. Der Grund für die gegenseitige Anziehung ist also zugleich möglicher Krisenherd.

Tab. 7: Kollusionen aufgrund einer komplementären Fixierung auf vier Stufen der psychosexuellen Entwicklung (nach Willi, 1975)

Stufe der Fixierung	Form der Fixierung	
	regressiv	progressiv
narzißtisch	Ich bewundere dich, weil du so großartig bist.	Ich fühle mich so großartig, weil du mich bewunderst.
oral	Ich bin so bedürftig, weil du mich so gut versorgst.	Ich versorge dich, weil du so bedürftig bist.
anal	Ich füge mich, weil du mich so gut leitest.	Ich leite dich, weil du dich so gut fügst.
phallisch	Ich fühle mich beschützt durch die Sicherheit, die du mir gibst.	Ich fühle mich bestätigt durch den Schutz, den ich dir gebe.

In einer analen Kollusion (s. Tab. 7) gilt etwa der implizite Kontrakt, daß z. B. der Mann in vielen Belangen seiner Frau die Verantwortung abnimmt und sie diese Führung genießt. Dann kommt der Mann vielleicht in eine Phase der Überlastung und „vernachlässigt" seine Frau. Sie beklagt sich über seine nachlassende Fürsorge, und er kontert, indem er sie wegen Unselbständigkeit anklagt und sich noch mehr verweigert – womit sich der Verdacht zu bestätigen scheint, daß die Liebe des Mannes abbröckele (existiert vielleicht eine Außenbeziehung?). Die Traurigkeit der Frau wächst sich zur Kränkung oder Eifersucht aus und die Verärgerung des Mannes zur Verachtung.

Am Psychologischen Institut Tübingen wurde untersucht, ob diese Typologie und Komplementarität sich in der Wirklichkeit findet. Die sogenannte orale und anale Komplementarität konnte mehrfach bei zehn untersuchten Paaren gefunden werden. Die anderen beiden Typen waren weniger eindeutig nachweisbar. Ähnlich wie Willi vermutet Möller (1996), daß sich die Liebe oft hinter den „Schleiern" neurotischer oder egoistischer Bedürfnisse verbirgt und es nicht die wahre Liebe allein ist, die die Herzen bewegt. Es ist selten so, wie es oft besungen wird – etwa mit den Worten des kubanischen Sängers Pablo Milanes in einem seiner zahllosen Liebeslieder: „Ich liebe dich, weil ich dich liebe, und das bedeutet, daß ich dir all das geben möchte, was ich von dir ersehne." Möllers neun Schleier dagegen nehmen sich eher pessimistisch aus:

1) *Kontrast:* Das Glücksgefühl der Liebe ergibt sich im Sinn der taoistischen Philosophie erst im Kontrast zur allgegenwärtigen Erfahrung der Lieblosigkeit in der Welt.
2) *Schmerz:* Je glücklicher ich bin, um wieviel mehr wird es mich ins Unglück stürzen, wenn die Liebe endet? Darum lasse ich mich auf den Partner gar nicht erst richtig ein.
3) *Überschätzung:* Die geliebte Person wird in ihrem Wert überschätzt (und andere Beziehungen verlieren an Wert); die Liebe bleibt daher nur aus Mangel an einer wirklich attraktiven Alternative bestehen.
4) *Abglanz:* Die Liebe zwischen Erwachsenen ist nur ein Abglanz der Liebe, die uns die Eltern gaben (oder hätten geben sollen).
5) *Ambivalenz:* Die positive Überhöhung der Liebe dient auch der Abwehr der Aggressivität, ohne die Liebe sich eigentlich gar nicht ausdrücken kann, da in der Kindheit die Liebe zu den Eltern immer ambivalent war.
6) *Verletzung:* Liebe zwischen Erwachsenen ist eine Reinszenierung von Kindheitstraumata. Unter ihren Fittichen wohnt die Verletzung.
7) *Selbstaktualisierung:* Da wir nach Bubers Meinung nur in der Beziehung zum anderen zu uns selbst finden, ist die Liebe Mittel zum Zweck.
8) *Orgasmus-Instrument:* Da häufige und eindrucksvolle Orgasmen zu den Zielen der Leistungsgesellschaft gehören, wird die Liebe dazu mißbraucht, die Lebensqualität zu erhöhen.
9) *Der kleine Tod:* Liebe in ihrem tiefsten Sinn ist nach Bataille (1994) nicht auf den anderen gerichtet, sondern auf die Auflösung des Ichs, wie im Tod.

Wenn all diese Schleier gefallen sind, bleibt dann vielleicht gar nichts mehr übrig? Ist Liebe nicht mehr als eine Ansammlung von egoistischen und neurotischen Motiven? Liebe sei ein tiefes Bedürfnis, über die eigenen Grenzen hinauszuwachsen, definieren Hatfield und Rapson (1993). Liebe hat aber doch wohl auch etwas mit Wunden zu tun, die man im Laufe seines Lebens erlitten hat, und mit unerfüllten Liebesansprüchen aus früheren Lebensabschnitten. Man könnte sagen, daß jede Liebe eine Wunde heilt

– und die meisten Menschen haben viele Wunden. Heilen heißt vervollständigen. Wenn wir lieben, können wir vollständig sein, nämlich vorübergehend das sein, was Humanisten den superioren Kern der Persönlichkeit, das höhere Selbst nennen. Dabei transzendiert das Individuum seine Schattenseiten und erlebt sich so, daß Egoismus und Altruismus keine Gegensätze mehr sind, daß die Beziehung zu den Menschen und zur Umwelt nicht parasitär, sondern im biologischen (nicht im psychoanalytischen) Sinn symbiotisch ist – eine Utopie, die wir nur in wenigen Momenten des Lebens verwirklichen können: einer davon ist, wenn wir lieben. Dann haben wir keine Angst vor dem Schmerz, den die Beziehung verursachen könnte, wir erleben sie nicht als Kontrast zu einem unglücklichen Alltag, nicht als durchsetzt mit Aggression und Rache, wir sehnen uns dabei nicht heimlich in die Kindrolle zurück, brauchen die Beziehung nicht, um uns zu spüren, aufzubauen und orgiastisch zu sein, und nicht, um uns zu verlieren. Wir fühlen uns dann einfach heil.

Lee (1988) hat sechs verschiedene Stile gefunden, in denen das Gefühl *zu lieben* erlebt wird:

Eros: die auf den idealen Partner ausgerichtete Liebe. Sie ist romantisch und stark auf ein körperlich-seelischen Ideal ausgerichtet
Mania: die besitzergreifende eifersüchtige Liebe
Ludus: die spielerische, auf Genuß und Abwechslung bedachte Liebe
Pragma: die an ökonomischen, sozialen Vorteilen und der Bequemlichkeit orientierte Liebe
Storge: die Liebe, in der der Partner der beste Freund ist
Agape: die altruistische Hingabe an den geliebten Menschen

Diese Typologie hat sich als stabil erwiesen und ist in mehreren Kulturen gefunden worden (Bierhoff, 1997). Offensichtlich sind die Aspekte, die Swenson erwähnt (Tab. 6), in diesen Stilen unterschiedlich vertreten. Auch ist zu vermuten, daß Ludus und Eros eher in der Jugend auftreten und Pragma und Storge eher im fortgeschrittenen Alter. Agape ließ sich am schlechtesten in den einzelnen Untersuchungen replizieren: Der Altruismus war vielleicht zu anderen Zeiten ausgeprägter. Lee hat nämlich seine ursprüngliche Zusammenstellung von Fragen zum Liebesstil aus der Belletristik und der philosophischen Literatur abgeleitet und sie dann anhand von empirischen Daten bestätigt. Für den Paartherapeuten ist es bedeutsam, zu wissen, welches „Modell" für die jeweilige Paarbeziehung als charakteristisch gelten kann, damit in der Therapie nicht falsche Normen vermittelt werden. Die Zusammenstellung macht deutlich, daß Menschen auf ganz unterschiedliche Weise glücklich werden.

Die Schattenseite der Leidenschaft ist die Eifersucht, die im Liebesstil der Mania ihren besonderen Ausdruck findet. Über die Herkunft dieses jedem bekannten und zugleich wegen seiner destruktiven Gewalt gefürchteten Affekts gibt es die unterschiedlichsten Hypothesen. Die einen sagen, sie sei ein Zeichen von mangelndem Selbstwert, der allzu leicht bedroht würde, wenn der geliebte Partner sein Interesse noch auf andere Personen richtet. Die anderen sagen, er hänge mit dem Besitzanspruch an den Partner zusammen, der sich erst im Patriarchat entwickelt habe. Wieder andere behaupten, Eifersucht sei tendenziell immer begründet. Und schließlich ist zu vermuten, daß sich Eifersucht und Untreue gegenseitig fördern. Der Untreue übertreibt seine Haltung, weil ihn die Eifersucht des Partners frustriert, und der andere übertreibt seine Eifersucht bis zum Wahn, weil ihn die Unklarheit des anderen so verunsichert. Einige behaupten, es gäbe keine Liebe ohne Eifersucht, während andere darin den Beweis sehen, daß lieben und geliebt werden wollen verwechselt werden. Nur eins ist sicher, nämlich daß Eifersucht ein bitterer Tropfen ist und eine schöne Beziehung leicht vergällen kann.

2. Dauerhafte Liebe

Daß eine Ehebeziehung liebevoll sei, ist uns selbstverständlich; aber diese Idee ist ebenso eine humanitäre Erfindung des 19. Jahrhunderts wie die Rechtfertigung der Liebesheirat eine romantische Idee aus derselben Zeit ist. Im Mittelalter war für die Mehrzahl der Menschen dafür wenig Platz. Die Lebenserwartung überstieg kaum 50 Jahre, und der Überlebenskampf war hart, geprägt von Argwohn im sozialen Bereich, der warmherzige zwischenmenschliche Beziehungen erschwerte. Seelische Distanz zwischen Erwachsenen, auch innerhalb der Familie, und ein Mangel an Intimität und Privatsphäre waren normal. Darüber hinaus war die Kirche über viele Jahrhunderte ein Feind einer liebevollen Beziehung zwischen Mann und Frau. Es galt sogar zeitweilig das Prinzip, daß Sexualität auch in der Ehe verwerflich und nur zum Zwecke der Fortpflanzung moralisch vertretbar sei. Was der heilige Franziskus formuliert hat, war nicht nur für Mönche und Nonnen ein Ideal: „Das wichtigste im Leben sind Keuschheit, Gehorsam und Armut."

Nach unseren heutigen westlichen Begriffen gehören, wie Sternberg (1988) herausgefunden hat, drei Komponenten zur „vollständigen" Liebe: Leidenschaft, Verbindlichkeit und Intimität (s. Abb. 6). Sie treten gelegentlich einzeln auf. Doch es genügt für eine tragfähige Beziehung nicht, lüstern zu sein, den andern zu mögen oder sich moralisch verpflichtet zu fühlen. Kommen jeweils nur zwei dieser Komponenten zusammen – was oft genug der Fall ist – so ist die Liebe immer noch nicht befriedigend: Die Verliebtheit kennt keine echte Intimität; der andere kann gar nicht vollständig wahrgenommen werden, ist doch der Rausch der Liebe oftmals so stark, daß die Verliebten zu jedem nur möglichen Versprechen bereit sind. Aber ohne Intimität gibt es kein Kennenlernen und Akzeptieren des anderen, und die Beziehung bleibt unausgefüllt. Die romantische Liebe enthält Leidenschaft und Intimität, doch es fehlt

Abb. 6: Das trianguläre Modell der vollständigen Liebe (nach Sternberg, 1988)

ihr die Verbindlichkeit – sie nimmt keine Rücksicht auf die Gesellschaft und paßt häufig nicht in die Vorstellungen vom Familienleben – entsprechend dauert sie manchmal nicht länger als ein Urlaub. Eine freundschaftliche Liebe, die aus Intimität und Verbindlichkeit besteht, ist oft genug die Basis einer fest in den gesellschaftlichen Rahmen eingebundenen Familie – sie wird ertragen, und man macht das Beste draus, auch wenn die Sexualität längst bedeutungslos geworden ist.

Die drei Komponenten haben einen unterschiedlichen zeitlichen Verlauf. Wie man vermuten wird, steigt die Leidenschaftskurve steil an und fällt im allgemeinen allmählich wieder ab, wenn auch nicht notwendigerweise vollständig. Die Verbindlichkeit wird nach gewisser Zeit als qualitativer Sprung durch einen willentlichen Entschluß herbeigeführt, und dieser hat aufgrund seines rituellen (einen Antrag machen), symbolischen (Ringe schenken) und öffentlichen (als verlobt gelten) Charakters länger, oft endgültigen Bestand.

Die Intimität dagegen entwickelt sich langsam und auf verschiedenen Ebenen. Zuerst kommt es meist zu körperlicher Intimität, weil es durch den Rausch der Verliebtheit im sexuellen Kontakt möglich wird, manche hygienische und ästhetische Barriere zu überspringen. Darauf folgt schnell emotionale Nähe, indem sich die Verliebten über ihre Gefühle austauschen: über ihre Beziehung, die Sympathien und Antipathien zu Freunden, über Musik, Filme, Mode, Naturerlebnisse usw. Geistige Intimität wird beim Austausch über Ideen, Vorlieben und Pläne spürbar. Darüber hinaus gibt es eine spirituelle Intimität, die sich einstellt, wenn die Partner über ihre Werte, Visionen und über das reden, was die Beziehung jenseits der körperlichen Existenz bedeutet. Intimität läßt sich ein Leben lang auf den genannten Ebenen ausbauen und vertiefen. Sie gibt nicht nur der Leidenschaft neue Energie, sondern füllt auch die Verbindlichkeit mit Sinn. In der heutigen „westlichen" Idealvorstellung ist Liebe dann dauerhaft und vollständig, wenn die Partner sich gegenseitig leidenschaftlich lieben und in ihrem Leben auf vielen Ebenen intim verbunden sind.

Traditionell war Leidenschaft kein Thema für die Eheschließung. Romantik und Leidenschaft fanden selbst in adligen Kreisen, die den zeitlichen und materiellen Rahmen dazu gehabt hätten, außerhalb der Ehe statt und blieben entweder unerfüllt oder waren zu einem tragischen Ende verdammt wie bei Tristan und Isolde.

Tristan war von seinem König Marke ausgesandt worden, um Isolde, die Königstochter aus Irland, als Braut für ihn zu werben. Damit sollte zwischen England und Irland ein dauerhafter Frieden garantiert werden. Die Mutter von Isolde gibt einen Zaubertrank mit, der das Königspaar ewig binden soll. Durch eine unglückliche Fügung trinken Tristan und Isolde auf der Rückreise die Flasche unwissend zusammen – in Ermangelung anderer Getränke – und sind durch Liebe aneinandergekettet. Isolde heiratet trotzdem wie verabredet den König, ihm gegenüber befinden sich die Liebenden in einem permanenten Loyalitätskonflikt. Der listenreiche Tristan findet viele Wege, wie sie ihrer Liebe trotzdem ein Plätzchen geben können. Schließlich aber muß Tristan den Hof verlassen. Das Ende ist schließlich tragisch. Tristan lebt in der Normandie und ist krank. Er will Isolde noch einmal sehen, und sie macht sich auf den Weg. Doch ein Sturm zerreißt das Segel bei der Überfahrt, und die Seeleute setzen das schwarze Ersatzsegel, das als Signal vorgesehen war, wenn das Boot ohne Isolde heimkehren würde. Tristan sieht es aus der Ferne und stirbt vor Gram. Isolde kommt gerade noch rechtzeitig, um mit ihm gemeinsam in den Tod zu gehen.

Die arrangierte Ehe dient anderen Zwecken als den Bedürfnissen der Partner. Wie bei König Marke und Isolde stehen in kollektivistischen Gesellschaften Asiens, wie Indien, Japan, China, und Lateinamerikas oder Afrikas politische oder materielle Aspekte bei der Heirat im Vordergrund. Kinder werden einander versprochen, kennen oft ihren zukünftigen Partner gar nicht, und die damit einhergehenden materiellen Transaktionen werden zwischen den Eltern ausgehandelt. In China änderte sich das mit der kommunistischen Regierungsform. Vor 1949 waren drei Viertel der Ehen arrangiert. Danach sank die Quote auf 20% und schließlich nach der Kulturrevolution auf 0%. Im Vergleich zu den vorher geschlossenen, arrangierten Ehen war die Scheidungsrate bei Liebesehen geringer und die eheliche Zufriedenheit größer. Allerdings näherten sich nach 15 bis 20 Jahren die Werte deutlich einander an (Xu und Whyte, 1990).

Viele Untersuchungen zeigen, daß das westliche Modell der Liebesheirat weltweit im Vormarsch ist (Hatfield und Rapson, 1993). Als Nachteile der Liebesbindung galten bisher die Kurzlebigkeit, die mögliche voreheliche Schwangerschaft, die Fehleinschätzung des Partners („Liebe macht blind") und die Verurteilung durch Eltern und Gesellschaft.

> *Was macht eine Beziehung haltbar?*
>
> 1) Reziprozität
>   Die Partner verstärken sich gegenseitig durch hinreichend viele positive Handlungen, was im günstigen Fall die gegenseitige Attraktivität als Kettenreaktion aufrechterhält.
> 2) Vergleichswert
>   Im Vergleich zu Alternativen überwiegen die Vorteile des Partners die Nachteile. Zu den Vorteilen gehören die Nachteile, die vermieden werden, wenn die Partner zusammen bleiben: materielle Verluste, Schaden, den die Kinder nehmen, und die nachteilige Bewertung durch die Umwelt.
> 3) Balance
>   Die positiven Interaktionen zwischen den Partnern überwiegen die negativen. Ihr Verhältnis soll optimalerweise etwa 5 zu 1 betragen.

Es gibt zahlreiche Überlegungen dazu, wie eine Liebesbeziehung auf Dauer gelebt werden kann. Alle gehen davon aus, daß eine längerbestehende Beziehung einen sozialen Austausch, also eine Art Handel darstellt (s. Kasten).

Reziprozität: Die Reziprozitätshypothese besagt, daß eine dauerhafte Beziehung auf einer zirkulären Verstärkung beruht: Ein Partner, der mich bestärkt, bleibt attraktiv für mich; das merkt er und findet mich aufgrund dieser Tatsache seinerseits attraktiv, was mich wiederum darin bestärkt, ihn attraktiv zu finden. Treten die ersten kritischen Aspekte auf, so läßt der sogenannte Zwangsprozeß (Patterson, 1975) meist nicht lange auf sich warten. Zunächst kommt eine Phase der einseitigen Kritik mit negativer Verstärkung, in der der eine den Forderungen des anderen nachgibt, um die Gefährdung der Beziehung zu verhindern. Diese asymmetrische Kontrolle ist jedoch nicht stabil und schlägt bald in eine gegenseitige aversive Kontrolle um, in eine defensive statt liebevolle Kommunikation, bei der es nur noch um Angriff und Verteidigung geht. Daraus gibt es kaum ein Entrinnen, weil keiner der beiden einen Vertrauensvorschuß geben und sich öffnen möchte, in der intuitiven Erkenntnis, daß er dann vom anderen ausgenutzt wird.

Vergleichswert: Die Soziale Ausgleichshypothese vermutet, daß es für ein Verbleiben in der Beziehung drei Randbedingungen gibt:
1) die Attraktivität der Beziehung (Leidenschaft, Intimität, Bequemlichkeit)
2) der Mangel an attraktiven Alternativen (soziale Unfähigkeit, Isolation)
3) die Hindernisse, die Trennung erschweren (Kinder, materielle Bindung, soziales Ansehen)

Derartige Bedingungen bewirken oft, daß die Vorteile des Zusammenbleibens die damit verbundenen Nachteile überwiegen. Anthropologen fanden, daß in Gesellschaften, die großen Wert darauf legen, daß die Ehen stabil bleiben, mit der Eheschließung erhebliche materielle Transaktionen verbunden sind. So halten z.B. die Türken aufwendige Heiratszeremonien ab, an denen viele Personen beteiligt sind, so daß die Auflösung der Beziehung das Ansehen schmälert. Die Huicholes dagegen, ein in den Bergen Mexikos lebendes traditionelles Indiovolk, heiraten mit minimalen Zeremonien und ohne große Brautgeschenke und trennen sich zwanglos in gegenseitigem Einvernehmen.

Balance: Die Balance-Hypothese führt die Stabilität einer Beziehung darauf zurück, daß die positive und negative Kommunikation zwischen den Partnern in einem ausgeglichenen Verhältnis stehen. Nach Gottman (1993) gibt es drei in dieser Hinsicht stabile Beziehungstypen: die „Explosiven", die „Konfliktscheuen" und die „Empathiker". Davon unterscheiden sich zwei unstabile Beziehungsformen, die „Metzler" und die „Verächtlichen".

Drei stabile Beziehungstypen:

1) Die Explosiven:
   Die Auseinandersetzungen sind heftig und häufig; dies wird aber durch positive Affekte wie Lächeln, Lachen, sich in den Arm nehmen und Zärtlichkeit aufgewogen. Verständnis für den anderen ist dabei nicht so wichtig; die Intimität bleibt teilweise begrenzt.

2) Die Empathischen:
   Der Moment einer Problemkonfrontation wird sorgfältig ausgewählt; durch Zusammenfassung des Standpunktes des anderen wird gegenseitige Unterstützung gewährt. Solche Paare ha-

ben eine hohe Fähigkeit der Konfliktlösung – häufig um den Preis der Spontaneität.

3) Die Konfliktscheuen:
Die Meinungsverschiedenheiten werden verleugnet und offene Konflikte vermieden. Die Probleme werden häufig ignoriert. Der Hausfrieden kann dadurch lange gewahrt werden; langfristig besteht die Gefahr des Kontaktverlustes.

Zwei instabile Beziehungstypen:

4) Die Metzler:
Die Auseinandersetzungen steigern sich regelmäßig in verletzender Weise und eskalieren mit Schlägen unter die Gürtellinie.

5) Die Verächtlichen:
Die negativen Interaktionen überwiegen, und die Auseinandersetzungen führen zu einseitigem oder beidseitigem Rückzug und zur jeweiligen Abwertung des anderen.

Jede der drei ersten Interaktionsformen scheint vom Idealbild einer liebevollen Beziehung abzuweichen. Aber empirisch gesehen, ist offenbar die Mischung aus einer Portion Streitbarkeit, verbunden mit reichlich Zärtlichkeit, genauso wirksam, um eine Verbindung dauerhaft zu machen, wie die vollständige Harmonie, der vielleicht die Herzlichkeit fehlt, oder die verläßliche gegenseitige Unterstützung ohne viel Spontaneität. Nur zwei Dinge wirken sich katastrophal auf die Beziehung aus: ungehemmter Haß und kalte Verachtung. Nach Gottman kündigt sich der Niedergang der Beziehung durch die sogenannten „Vier apokalyptischen Reiter" an: hemmungslose Kritik, Verachtung, Abwehr und Rückzug. Diese Formen der Eskalation führen zu den instabilen Beziehungstypen des Metzelns und der Distanzierung.

3. Zusammenfassung

In den Untersuchungen zur leidenschaftlichen und zur dauerhaften Liebe finden sich viele Ansatzpunkte zu therapeutischer Hilfe für Paare in Krisen. Wie im Modell der sequentiellen Filter deutlich wird, gelten in den einzelnen Phasen einer Beziehung unterschiedliche Kriterien für die gegenseitige Attraktion: erst gemeinsame Interessen, später gemeinsame Werte und schließlich sich ergänzende Bedürfnisse. Diese bleiben möglicherweise zeitweilig unbewußt, weil sie ja das Eingeständnis der eigenen Bedürftigkeit erfordern. Das Kollusionskonzept bietet Erklärungen zur Entstehungsgeschichte derartiger Komplementaritäten an und macht auf die typischen Konfliktherde für jeden der Kollusionstypen aufmerksam. Die Beleuchtung des biographischen Hintergrundes kann daher – so ist zu vermuten – die Wahrnehmung der gegenseitigen Abhängigkeit erleichtern, weil sie plausibler wird, wenn beide die Entstehung ihrer Bedürfnisse kennen. Zugleich kann einem Konflikt vorgebeugt werden, indem auf die projektiven Anteile der gegenseitigen Erwartungshaltungen aufmerksam gemacht wird.

Das zweite Standbein neben der Leidenschaft im triangulären Liebesmodell von Sternberg – die Verbindlichkeit – mag zunächst durch willentlichen Entschluß zustande kommen. Zementiert wird sie durch die Bedingungen des sozialen Vergleichswertes: durch die Attraktivität der Beziehung, die Hindernisse, die eine Trennung erschweren, und durch den Mangel an Alternativen. Während es zynisch wäre, die letzten beiden Bedingungen zu manipulieren, könnte man sie doch in der Paartherapie kritisch reflektieren. Aus den Überlegungen zur Reziprozität und Balance in einer Beziehung lassen sich dagegen ganz konkrete Maßnahmen zur Prävention und Therapie ableiten. Das Feld der eingeschlafenen gegenseitigen Verstärkungen läßt sich wiederbeleben, und das Paar kann lernen, die von Gottman so genannten apokalyptischen Reiter aufzuhalten.

Das Modell der sequentiellen Filter steht im Einklang mit der Möglichkeit einer wachsenden Intimität in der Beziehung, der dritten Komponente des triangulären Modells, die sich von der körperlichen Nähe auf weitere Bereiche bis zur spirituellen Intimität ausweiten kann. Intimität zu fördern ist eines der Hauptziele der Paartherapie, sei es auf der Ebene der Sexualität, der Interessen und Ideen und des emotionalen Erlebens. Intimität wird so zu einem wichtigen Baustein für den Erhalt einer lebendigen Beziehung – auch wenn die ursprüngliche Leidenschaft sich im Laufe der Zeit in ihrer Qualität verändert. Jemanden, den ich besser kenne, kann ich leichter verletzen – die geheime Furcht vieler Menschen. Auf der anderen Seite gibt es einen natürlichen Hemmungsmechanismus, der gegenüber einem schutzlosen Wesen aktiviert werden kann. Verteidigung und Unerreichbarkeit dagegen provozieren eher Angriff als Intimität. Opfer von Entführungen berichten, daß der Kontakt zu den Entführern sie vor Gewalt geschützt hat, und professionelle Mörder vermeiden nach Möglichkeit, ihre Opfer kennenzulernen. Dieser Mechanismus ist aber nicht bei allen Menschen entwickelt, sonst würde es keine Gewalt in der Familie geben.

VI. Paartherapie

> Meine Frau will ein Kind, ich nicht.
> 10 Stunden Paartherapie: Ich will ein Kind, meine Frau nicht.
> 20 Stunden Paartherapie: Wir sagen einander: Dein Wille geschehe.
> Der Therapeut erklärt die Beratung für beendet.
> Auf Anraten von Frau Irene (Zeitungs-Kolumne)
> kaufen wir uns jetzt einen Hund.
>
> (nach einem Gedicht von Theodor Weißbach)

In der Einführung wurde versucht die Möglichkeiten des therapeutischen Vorgehens anhand eines Zwiebelschalenmodells der menschlichen Erfahrung zu ordnen. Dies soll im folgenden auf die Paartherapie angewendet werden. Dabei wird hier von außen nach innen vorgegangen: Nach der systemischen Betrachtung im Sinne der Analyse von Regeln wird die Beziehung auf der Handlungsebene und die Kommunikation im engeren Sinne untersucht. Danach folgen die inneren Schichten psychischer Vorgänge: kognitive, affektive und unbewußte Prozesse. Die auf einzelnen Ebenen aufspürbaren Muster der Passung und der charakteristischen Konflikte weisen bei genauerem Hinsehen meist auf Zusammenhang mit der individuellen Lebensgeschichte der Partner hin. Die Frage, auf welcher Ebene man am besten die Therapie beginnt, ist bisher ungeklärt. Das Vorgehen hängt oft von der fachlichen Ausrichtung des Therapeuten ab. Unabhängig von jeder Ausrichtung ist es hilfreich, die anderen Ebenen im Auge zu behalten.

1. Beziehungen und Regeln

In der Paarbeziehung stabilisiert sich das Verhalten der Partner gegenseitig. Sie ist, wie Maturana es ausdrückt, autopoetisch, d.h. sich selbst schaffend. Die Beziehung bleibt für Veränderungen lange verschlossen, da die Erfahrungen des Paares von den Partnern immer wieder in bestimmter Weise interpretiert werden. Immer wieder bestätigen sich dadurch für jeden von beiden die einander oft widersprechenden Sichtweisen, die jeder vom anderen und von der Beziehung hat. Dadurch ergeben sich auch stets die gleichen Themen, Gesprächsverläufe und Handlungen, die durch ihre Stereotypie die Regeln zementieren, mit denen die Beziehung beschrieben werden kann. Der Therapeut hat die Aufgabe, Regeln die problematisch sind, verändern zu helfen. Er hat gewissermaßen die Funktion eines Stiefelknechts, um der Beziehung aus den Schuhen, die drücken, herauszuhelfen. Er muß einen vorübergehenden Handlungsfreiraum schaffen, in dem andere Regeln gelten als zu Hause. In diesem Raum, unter dem Schutz und mit den Anregungen des Therapeuten, können die Partner es wagen, barfuß zu gehen, um sich ein Paar neue Schuhe zu suchen. Manchmal betätigt sich der Therapeut auch als Schuhverkäufer. Er darf dann nicht enttäuscht sein, wenn die neuen Schuhe nicht passen.

In einem 12stündigen Therapieprogramm wurde 100 Paaren (Halweg, Schindler, Revenstorf, 1986) eine bestimmte Art, miteinander zu kommunizieren, vermittelt, die sie in vielen Problemsituationen üben sollten. Als nach einem Jahr nachgefragt wurde, ob sie in dieser Form manchmal miteinander reden würden, sagten viele: Nein, aber die Kommunikation mit ihren Kindern habe sich wesentlich verbessert.

Der Interaktionsstil der Partner kann auf drei Ebenen beobachtet werden: auf der Handlungsebene (Sexualität, Blumen mitbringen, zu spät kommen, sich beim Abwasch helfen), auf der nonverbalen Ebene (Ausdruck in Mimik, Stimme und Körperhaltung) und anhand verbaler Mitteilungen. Die Form dieser Interaktion korrespondiert zu der Motivationsstruktur der Partner und beruht auf einer gegenseitigen Entsprechung der Bedürfnisse. Bezüglich der Interessen und der Werte ist sie oft symmetrisch. So spielen beispielsweise beide gern Tennis und teilen die gleichen politischen Interessen. Hinsichtlich der tieferen Bedürfnisse ist das Verhältnis oft eher komplementär. Zwischen den Partnern etablieren sich Regeln, in denen die permanente Neuinszenierung dieses Verhältnisses zementiert wird, die als Kollusion (s. Tab. 7 in Kap. V. 2) zum Ausdruck kommt. Unter dem Leidensdruck einer Krise, die die Beziehung gefährdet, wird der Therapeut von beiden Partnern als jemand respektiert, der das System für die Zeit der Therapie erweitert und neue Regeln einführen darf (s. Abb. 7).

Wie erkennt man Regeln eines Systems? Die systemische Sicht-

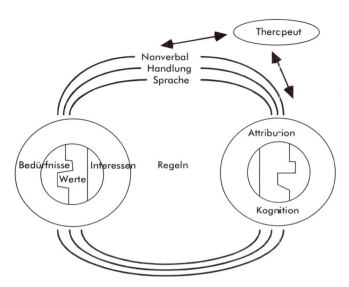

Abb. 7: Zirkuläres Modell der Paarbeziehung mit drei Interaktionsebenen (Handeln, Ausdruck, verbale Kommunikation) und drei Ebenen der Passung (Interessen, Werte, Bedürfnisse)

weise nimmt an, daß Symptome eine positive Funktion für die Stabilität der Beziehung haben, daß aber für die Weiterentwicklung der Beziehung eine Abwechslung von Stabilität und Veränderung günstig ist (Morphostase und Morphogenese). Phasen der Veränderung werden häufig durch die Stufen im Familienzyklus ausgelöst, etwa dadurch, daß Kinder geboren werden, die Kinder zur Schule kommen, das Haus verlassen, Enkel geboren werden, der Verdiener pensioniert wird usw. (s. Kap. III.2).

In der Kommunikation wird neben dem Inhalt immer auch die Beziehung geregelt, wobei es im wesentlichen um die Bestimmung von Nähe bzw. Distanz und der Kontrolle in der Beziehung geht.

Durch diese beiden Variablen definieren sich die Grenzen im System und die Koalitionen mit anderen Subsystemen wie den Kindern oder Eltern. Die Regeln zeigen sich durch Beobachtung sich wiederholender Sequenzen in der Interaktion der Partner. Am Depressionsbeispiel von Madanes (weiter unten) läßt sich folgende wiederkehrende Sequenz beobachten: Der Ehemann geht morgens nicht ins Büro, weil er sich depressiv fühlt, die Frau, eine Sozialarbeiterin, ist versucht, ihn aufzumuntern, doch er nimmt die Hilfeleistung nicht an. Das wiederum frustriert die Ehefrau in ihrem beruflichen Ehrgeiz.

Die Regel könnte also lauten: „Der Mann leidet unter dem Erfolg der Frau; sie läßt sich in die Falle locken, ihre berufliche Kompetenz an seinem Leiden auszuprobieren, und er entmachtet sie, indem er sie unbewußt scheitern läßt." Um eine solche Diagnose zu stellen und entsprechende Interventionen zu finden, ist es hilfreich, folgende Gesichtspunkte zu überprüfen:

- Auf welcher Entwicklungsstufe der Beziehung befindet sich das Paar: Wo im Familienzyklus; in welcher Übergangskrise, vor welchen neuen Aufgaben befinden sich die beiden?
- Wo sind Grenzen, Koalitionen und signifikante Verhaltensweisen beobachtbar?
- Was ist die homöostatische (balancierende) Funktion des Symptoms? Welche Eigenschaften des Systems werden dadurch gestützt?
- Wie ist die Flexibilität und das Veränderungspotential?
- Welche Ressourcen, Fähigkeiten, Interessen, Mittel stehen zur Verfügung?
- Wie ist die Resonanz auf die Vorschläge des Therapeuten (Rapport)?

Therapeutisches Handeln basiert nach Minuchin (1981) auf der Annahme, daß das mentale Leben von seiner Umgebung bestimmt ist und umgekehrt. Den zunächst im Therapieraum suggerierten Veränderungen der Verhaltensweisen und der Erfahrungen der Familienmitglieder folgen Veränderungen der Familienstruktur. Der Therapeut, der diese veränderten Verhaltensweisen in der Sitzung inszeniert, wird vorübergehend Teil des Familiensystems und kann durch seine Kontrolle und Nähe zu einzelnen Mitgliedern Subsysteme initiieren, die das festgefahrene familiäre Gesamtsystem destabilisieren und neues Verhalten ermöglichen.

2. Regeln verändern

Strukturelle Veränderungen
Das Paar als Teil einer Familie organisiert sich hinsichtlich seiner Ziele wie Lebensunterhalt, Kindererziehung, Sexualität usw. im Prinzip selbst. Systeme tendieren jedoch zur Trägheit und damit zur Beibehaltung von einmal gefundenen Lösungen und eben auch von Symptomen. Die Aufgabe des Therapeuten ist es, Prozesse anzustoßen, die in seiner Abwesenheit weitergehen, in denen veraltete Lösungen überwunden werden können. Er kann Veränderungen der Familienstruktur im Therapieraum oder als „Verschreibung" anregen, so daß sich vorhandene festgefahrene Regeln aufweichen und sich dadurch Verhaltensweisen der Familienmitglieder wandeln. Übliche Interventionen zur Veränderung von strukturellen Aspekten bestehen in der:

1. Darstellung typischer Beziehungsmuster:
   Fall 7: Ein Paar ungleicher Herkunft (er ist Universitätsprofessor, sie Metzgerstochter mit Hauptschulabschluß) kommt wegen organisch nicht zu erklärender Kälteanfälle der Frau zur Therapie. In der Darstellung eines typischen Ablaufes will das Paar ins Theater, und die Frau bekommt einen Kälteanfall. Der Theaterbesuch wird abgesagt. Die Frau duscht heiß; dann trocknet der Mann sie ab, bringt sie zu Bett und liest ihr vor. Der Mann hat die finanzielle und soziale Macht in der Familie, und das Symptom ist die einzige, aber z. T. wirksame Handhabe der Frau, um einen Ausgleich herzustellen. In der Darstellung wird das Thema der Kontrolle in der Familie offensichtlich.

2. Wiederbelebung ungenutzter Kommunikationsmöglichkeiten:
   Ein Paar hat fast keine Privatsphäre in einer großen Familie mit vier Kindern und den Großeltern mütterlicherseits im Haus. Die Eheleute erhalten die Aufgabe, einmal in der Woche unangemeldet fortzugehen und lediglich einen Zettel zu hinterlassen, daß sie später am Abend wiederkommen (Selvini-Palazzoli, 1977).

3. Manipulation des Raumes und der Grenzen:
   Man verändert die Sitzordnung im Sprechzimmer so, daß sich die Partner erst besprechen müssen, bevor der eine antwortet.

4. Unterstreichung der Unterschiede:
Der Therapeut spricht beiläufig und besorgt über das Übergewicht des Ehemannes, während das Paar eigentlich die psychosomatischen Symptome der Frau bereden möchte.

5. Herrschende Kräfte in der Beziehung sichtbar machen:
Einen Streit zwischen den Partnern provozieren, etwa darüber, wer die Tochter dazu bringt, Hausaufgaben zu machen.

6. Unterbrechung von eingefahrenen Verhaltensweisen:

Fall 8: Ein Paar hatte häufig in ähnlicher Weise wiederkehrende Auseinandersetzungen, in der die sehr eloquente Frau dem Mann Nachlässigkeiten vorwarf (nasse Haare beim Zubettgehen, liederliche Kleidung, Zuspätkommen usw.). Der Ehegatte, ein hochgestellter Beamter, versuchte zu protestieren, aber schnitt regelmäßig schlecht ab, weil die Frau ihm verbal überlegen war. Das Paar wurde gebeten, den Streit vorzuspielen, und dann sollte die Frau die Anklageliste wiederholen, ohne daß sich die beiden ansehen konnten (Rücken an Rücken). Dabei mußten beide lachen.

Einen besonderen Stellenwert haben in der systemischen Therapie die sogenannten paradoxen Interventionen. Sie bestehen meist aus zwei Komponenten, nämlich einer Umdeutung und einer Verschreibung.

Umdeutung
Oft läßt sich eine Sichtweise suggerieren, nach der das Symptom die Funktion hat, die Homöostase zu erhalten, d.h., die Trennung oder eine andere Veränderung, die befürchtet wird, zu verhindern. Die Neudefinition (Relabeling, Reframing) des Symptoms kann zugleich wohlwollend und destabilisierend („toxisch") sein (Dell, 1982): Man lobt die Anstrengungen, die der symptomatische Partner macht, um die Familie zusammenzuhalten, und löst damit eine kognitive Krise aus, die ein Umdenken provoziert und das alte Denkmodell in Frage stellt. Der Therapeut benutzt das Vertrauen, das die Familie ihm gibt, um Zugang zu erlangen. Später arbeitet er innerhalb des Systems wie ein „Virus", das das unproduktive Gleichgewicht der Familie stören will (Seltzer, 1986).

Fall 9: Ein Paar kam kurz vor Weihnachten, weil der Mann durch den Wunsch seiner Frau, ihren alten Schulfreund wiederzutreffen, das gemeinsame Fest bedroht sah. Der Mann verstand sich gut mit seinen Schwiegereltern und verbrachte oft die Wochenenden bei ihnen. Er versuchte, sie auf seine Seite zu ziehen, um seine Frau an dem geplanten Besuch zu hindern. Die Situation wurde folgendermaßen umgedeutet: „Der Jugendfreund scheint ein willkommener Anlaß zu sein, etwas Wichtiges in Ihrem Leben nachzuholen. Sie, Herr Müller, haben immer ein gutes Elternhaus vermißt und sind deswegen froh, einen Ersatz dafür bei den Schwiegereltern gefunden zu haben. Sie, Frau Müller, dagegen haben sich von diesem guten Elternhaus noch gar nicht richtig lösen können. Auch nach Ihrer Heirat sind Sie fast jedes Wochenende zu Hause. Daher schlagen wir Ihnen folgendes vor: Sie, Frau Müller, ziehen für einen Monat in ein Appartment, um die Ablösung von zu Hause nachzuholen. Und Sie, Herr Müller, ziehen zu Ihren Schwiegereltern, um das Gefühl, ein Elternhaus zu haben, einmal aus vollen Zügen genießen zu können." Die Frau wirkte überrascht, der Mann verärgert. Er sagte den nächsten Termin ab, da keine Beratung mehr nötig sei. Beide hielten sich nicht an die Verabredung, sondern verbrachten Weihnachten gemeinsam zu Hause.

Die positive Definition des symptomatischen Verhaltens des einen Partners kann leicht zu einer Schuldattribution seitens des anderen führen, was vermieden werden sollte (Selvini, 1977).

Paradoxe Interventionen

1. Das Symptom verändert ausführen lassen:
   Streit zu bestimmten Zeiten (z. B. an geraden Tagen) verschreiben.
2. Übertreibung des Symptoms, um es zunächst in der anderen Richtung kontrollierbar zu machen:
   Ohnehin seltene Sexualität für einen längeren Zeitraum suspendieren.
3. Simulation des Symptoms:
   (s. die Kälteempfindungen in Fall 7 auf S. 88).

4. Paradoxe Rituale, die den symbolischen Wert des Symptoms zerstören („Aggression ist furchtbar"):
   Aggression verschreiben: Beide dürfen dreimal ihre Aggression ausdrücken „Ich hasse an dir, daß du ..."
5. Umdeutungen und Verschreibungen in Form von Briefen des Therapeuten, die in der Therapiestunde nicht mehr diskutiert werden können.
6. Fortschritte entmutigen, um die Anstrengungen des Klienten durch Widerstand zu erhöhen:
   „Fortschritt kann ermüdend sein und kann so schnell gar nicht stattfinden."
7. Vorhersage von Rückfällen, um Enttäuschungen vorzubeugen.
8. Verschreibung eines kontrollierten Rückfalls.
9. Der Therapeut erklärt seine Unfähigkeit, damit der Klient die Verantwortung für den Fortschritt übernimmt:
   Siehe den wiederholten Streit in Fall 1.

Symptomverschreibungen
Sie können mehrere Ziele verfolgen; man macht sie, um
1. mit dem Widerstand des Klienten mitzugehen und seine Angst vor Veränderung zu reduzieren.
2. Widerstand gegen die Ausführung des Symptoms zu provozieren, so daß der Klient sich entgegen der scheinbaren Absicht des Therapeuten verändert.
3. die Aufmerksamkeit auf ein bestimmtes Familienmitglied zu lenken.
4. etwas kontrollierbar zu machen, was vorher unkontrolliert auftrat (das Symptom).
5. ein Opfer zu fordern und damit das Symptom unliebsam zu machen („ordeal", Haley, 1977).
6. eine Eskalation zu provozieren, die das Gleichgewicht des Systems labilisiert.
7. zu verhindern, daß das Symptom dazu benutzt wird, die therapeutische Beziehung zu entwerten (wenn der Klient versucht, mit dem Symptom den Therapeuten hilflos zu machen).

Im vorangehenden Kasten sind einige Formen paradoxer Interventionen zusammengestellt.

Um den Vorgang der Diagnose, Umdeutung und Verschreibung im ganzen zu verdeutlichen, sei das weiter oben genannte Beispiel von Madanes in sechs Schritten schematisch zusammengefaßt (Fall 10). Dazu wird die Struktur des Systems diagnostiziert, eine typische Interaktionssequenz herausgegriffen, das therapeutische Problem definiert, die Hierarchie auf Defekte untersucht und der metaphorische Gehalt des Symptoms erforscht. Dann wird das Symptom umgedeutet, eine Verschreibung gegeben sowie eine Maßnahme zur Erhaltung des veränderten Gleichgewichts empfohlen.

Fall 10: Dadurch, daß dem Mann die Diagnose der Depression genommen wird, kann die Frau nicht „professionell" tätig und entsprechend vom Mann nicht beruflich entwertet werden. Dem Neuordnungsversuch seines Geschäftslebens durch die Frau widersteht der Mann ebenso wie ihrem Therapieversuch. Nur hilft er sich jetzt selbst, um der Frau zu zeigen, daß sie in seinem Kompetenzbereich nichts zu suchen hat. Durch die Simulation der Unlust wird ihr die Unkontrolliertheit genommen, und der Mann erhält vorübergehend spielerische Macht über die Frau. Damit wird implizit das Thema der Kontrolle angesprochen. Durch seinen erneuten beruflichen Erfolg gewinnt der Mann langsam wieder mehr Ansehen und Selbstachtung. Die Frau wird aufgefordert, den Mann um andere Formen der Sexualität zu bitten. Damit kommt dem Mann auch in der Beziehung weitere Kontrolle zu. Schließlich soll die abendliche Unterhaltung über den Berufsalltag verschüttete Kommunikationskanäle wieder öffnen.

Tab. 8: Schritte der strategischen Intervention nach Madanes

	Der depressive Geschäftsmann und die Therapeutin
1. Struktur	• Bisher hatte der Ehemann die Kontrolle. • Durch den beruflichen Erfolg seiner Frau hat sich die Machtbalance verändert. • Wenn er fordern würde, daß die Frau zurück in den Haushalt kommen solle, würde die Frau möglicherweise die Trennung bevorzugen.
2. Sequenz	1) Die Frau widmet sich dem Erfolg in ihrem Therapie-Beruf. 2) Der Ehemann vernachlässigt seinen Betrieb und wird scheinbar depressiv. 3) Die Frau versucht ihm als Therapeutin zu helfen.

	4) Der Mann macht ihre Bemühungen zum Mißerfolg. Zurück zu 2) → 3) → 4) → …
3. Problem	Eine neue Machtbalance herstellen, ohne Trennungsrisiko.
4. Hierarchie	In der Berufskarriere steht die Frau über dem Mann. Mit dem Symptom steht der Mann über der Frau.
5. Metapher	Der Ehemann bewirkt, daß seine Frau sich in ihren professionellen Fähigkeiten abgewertet fühlt. Der Therapeut deutet das Verhalten des Mannes so um, daß es nicht in ihre berufliche Kompetenz fällt.
6. Intervention	A) Neue Definition: Depression sei die falsche Diagnose; der Mann vernachlässige seinen Beruf, um seiner Frau keine Konkurrenz zu machen.
	B) Provokation: Die Frau solle dem Mann einen Arbeitsplan zur Reorganisation seines Büros aufstellen.
	C) Simulation des Symptoms: Die Ehefrau muß herausfinden, wann der Ehemann Arbeitsunlust simuliert und wann sie echt ist.
	D) Stabilisierung: Abendliche Unterhaltung über den Arbeitstag. Veränderung in der Sexualität.

Voraussetzung für eine systemische Vorgehensweise ist eine gute therapeutische Beziehung, die durch Respekt, Empathie und eine positive Perspektive gekennzeichnet ist. Durch die systemischen Interventionen wird über eine Herausforderung der kognitiven Ebene das Regelsystem der Beziehung in Bewegung gebracht. Dazu wird das Paar als Helfer mobilisiert. Auch wenn strategische Therapie weitgehend auf das Prinzip der Selbstorganisation vertraut, muß der Therapeut an bestimmten Stellen Verantwortung übernehmen. Etwa dann, wenn Mißbrauch, Gewalt oder Suizidgefahr in der Familie bestehen. Er kann nicht umhin, die für ihn bedeutsamen Menschenrechte zu berücksichtigen. Wenn Eltern ihre Kinder in der Vergangenheit nicht vor Mißbrauch geschützt haben, schlägt Madanes ein Verzeihungsritual vor. Der Therapeut wird immer wieder mit seinen eigenen Wertvorstellungen konfrontiert. Besonders deutlich wird das, wenn er in der Arbeit mit Menschen aus anderen Kulturkreisen seine Toleranzgrenzen überdenken muß.

3. Handeln: Berührung und Gegenseitigkeit

Sexualtherapie
Ein wichtiger Aspekt auf der Handlungsebene ist die Sexualität in der Paarbeziehung. Sexualverhalten ist im Menschen als natürliche

Funktion vorhanden und wird zum großen Teil durch reflexartige Reaktionen des Körpers gesteuert (s. Kap. IV.2). Diese natürliche Reaktion kann jedoch von vielen Faktoren gestört oder gehemmt werden, die physiologischer, psychischer, zwischenmenschlicher, kultureller oder auch nur situativer Art sind. Da die sexuelle Reaktion als solche biologisch angelegt ist, geht es in der Behandlung sexueller Störungen weniger um das Erlernen einer gewünschten Reaktion als vielmehr um das Erkennen und Auflösen von Einschränkungen und Blockaden, damit sich das natürliche Verhalten von selbst entfalten kann. Auf der individuellen Ebene sind dies vor allem Leistungsängste, Schuld- und Schamgefühle, Wertvorstellungen, traumatisch bedingte Ängste, Angst vor Kontrollverlust, überhöhte Erwartungen und Minderwertigkeitsgefühle. Auf der Paarebene kommen Schuldzuweisungen, Mißverständnisse aufgrund mangelhafter Kommunikation und Unwissenheit über die Sexualität des anderen (und des eigenen) Geschlechts hinzu. Auf kultureller Ebene sind Normen, Mythen und moralisch begründete Schamgefühle zu nennen (vgl. auch Barbach, 1982; Zilbergeld, 1986).

Die Behandlung sexueller Störungen kann mit Einzelpersonen oder mit Paaren durchgeführt werden. Besteht eine Liebesbeziehung, dann wird die Arbeit mit dem Paar gegenüber der Arbeit mit dem Individuum bevorzugt, auch wenn nur einer der Partner der Verursacher der sexuellen Probleme zu sein scheint. Dem liegt die Annahme zugrunde, daß es in einer intimen Beziehung keinen unbeteiligten Partner gibt, sondern immer beide betroffen und an der Aufrechterhaltung des Problems beteiligt sind.

Sexualtherapie wird von zeitgenössischen Autoren (Masters und Johnson, 1993; Kaplan-Singer, 1985) als Psychotherapie mit edukativen, übenden und kommunikativen Komponenten verstanden. Um den Einfluß psychischer Störgrößen auf die Sexualität des Paares abzuklären, wird ein großer Teil der Zeit in den Therapiesitzungen darauf verwandt, die Verarbeitung von Frustration und Ärger in der Beziehung und die Bedeutung der genannten Hemmungen und Blockaden zu klären. Darüber hinaus werden die Partner dazu angeleitet, die durch die Übungen vermittelten Erfahrungen im Gespräch miteinander auszutauschen, was besonders wichtig ist, wenn das Paar in der Kommunikation über intime Themen bislang gehemmt war.

Die Basistechnik der Sexualtherapie sind die Empfindungsübungen (Sensate Focus), die je nach Störung variiert werden. Zu Beginn der Behandlung wird das Paar in der Regel instruiert, Geschlechtsverkehr und genitale Berührungen für eine bestimmte Zeit zu unterlassen. Durch diese Anweisung sollen Leistungsorientierung und Versagensängste ausgeschaltet werden. Dann werden dem Paar gestufte Übungen verschrieben, die zwischen den Sitzungen zu Hause durchgeführt werden:

Die Übung der ersten Stufe besteht darin, daß zunächst einer der Partner die aktive Rolle übernimmt und den anderen, den passiv Empfangenden, am ganzen Körper in variierender Weise berührt und streichelt, wobei die Brüste der Frau und Genitalien beider Partner ausgespart werden. Der aktive Partner geht nach seinem eigenen Gefühl vor, ohne sich zu sehr von Spekulationen über die Wünsche des Partners leiten zu lassen; er soll sich auf sein Gefühl verlassen. Der empfangende Partner gibt sich nur seinen Sinneseindrücken hin. Die Übung sollte möglichst ohne Worte verlaufen, um nicht von den körperlichen Empfindungen abzulenken. Allerdings hat der passive Partner die Möglichkeit, dem anderen nonverbal zu erkennen zu geben (etwa durch Fingerdruck oder einen Summton), wenn eine Berührung als besonders angenehm oder als störend empfunden wird. Nach etwa 15 Minuten wechseln die Partner die Rollen und reden anschließend über ihre Empfindungen.

Diese Übung ohne direkte sexuelle Stimulation ist von besonderer Bedeutung und sollte nicht übersprungen werden, da sie die Erfahrung vermittelt, daß Zärtlichkeit in vielen Variationen und ohne Orgasmusorientierung genossen werden kann. Da Leistungsdruck automatisch entfällt, können sich sexuelle Empfindungen bei vielen Menschen erstmals unbeeinträchtigt von ansonsten wirksamen Blockaden einstellen und zugelassen werden. Weiterhin wird durch die Übung die Entwicklung von nonverbalen Ausdrucksmöglichkeiten angeregt und die verbale Kommunikation gefördert.

Dieses Verfahren wird in weiteren Stufen so fortgeführt, daß zunächst der Genitalbereich in die Streichelübung mit einbezogen wird, ohne daß es zum Orgasmus kommt. Im nächsten Stadium geht das Paar von abwechselnden Berührungen zum gleichzeitigen gegenseitigen Austausch von Zärtlichkeiten über, wobei koitaler Verkehr weiterhin nicht stattfindet. Es darf aber zu gegenseitiger

Masturbation kommen. Dann wird der Koitus zuerst ohne und schließlich mit Orgasmus einbezogen.

Für einzelne Störungen werden zusätzlich spezifische Techniken eingesetzt (s. Tab. 9).

Tab. 9: Therapeutische Interventionen bei sexuellen Dysfunktionen (nach Kaplan-Singer). „Sensate Focus" ist die im Text beschriebene Serie von Empfindungsübungen.

Frau	Mann
Appetenzhemmung: „Sensate Focus"	*Appetenzhemmung:* „Sensate Focus"
Erregungshemmung: 1) „Sensate Focus" 2) Koitus ohne Orgasmus 3) Kegelübungen	*Erektionsschwäche:* 1) „Sensate Focus" 2) Stimulation ohne Orgasmus (manuell oder oral) 3) Extravaginaler Orgasmus 4) Penetration ohne Orgasmus 5) Koitus mit Orgasmus
Vaginismus: 1) Entspannung und individuelle Dilatation 2) Entspannung und Dilatation im Beisein des Mannes 3) Koitus mit dem Mann in der unteren passiven Position	
	Ejaculatio praecox: Start und Stop oder Quetschtechnik
Anorgasmie: 1) Masturbation 2) Klitoraler Orgasmus im Beisein des Mannes (manuell oder oral) 3) Koitus mit klitoraler Stimulation 4) Koitaler Orgasmus	*Ejaculatio retardata:* 1) Desensibilisierung in vivo 2) Stimulation mit Ablenkung

Erektionsstörung: Vorrangig ist hier der Abbau von Leistungsdruck, indem ein spielerischer, nicht auf ein Ziel orientierter Umgang mit Sexualität vermittelt wird. Dabei sind die oben genannten Übungen sinnvoll. Zusätzlich kann die Partnerin instruiert werden, durch fraktionierte Masturbation ein wiederholtes Entstehen und Abklingen der Erektion herbeizuführen. Da sich der Mann in der passiven Rolle befindet, kann er dabei Vertrauen in diesen natürlichen und ohne sein willentliches Zutun funktionierenden Prozeß gewinnen.

Ejaculatio praecox: Eine Technik bei der Behandlung von vorzeitigem Samenerguß besteht darin, daß die Frau den Penis des Partners bis kurz vor der Ejakulation manuell stimuliert und dann unterbricht. Wenn der Ejakulationsdrang nachgelassen hat, wird die Stimulation fortgeführt. Dieser „Start-Stop-Zyklus" wird mehrfach wiederholt und endet nach hinreichend langer Verzögerung schließlich mit der Ejakulation. Diese Übung kann auf den Geschlechtsverkehr übertragen werden, indem sich der Mann passiv in der unteren Position befindet, während die Frau auf ihm sitzend aktiv die koitale Stimulation kontrolliert. Als weitere Methode der Ejakulationskontrolle hat sich die „Quetschtechnik" bewährt. Während der Masturbation oder der koitalen Stimulation übt die Frau in gewissen Abständen manuellen Druck an der Peniswurzel oder unterhalb der Eichel aus, um durch diesen aversiven Reiz die Ejakulation zu verhindern.

Störungen, bei denen der Orgasmus verzögert oder gar nicht eintritt, sind bei Frauen häufiger (Anorgasmie) als bei Männern (Ejaculatio retardata). Barbach (1982) spricht in diesem Zusammenhang von „prä-orgasmischen" Frauen, da 93 % der Teilnehmerinnen des von ihr konzipierten Trainings anschließend orgasmisch waren. Die fünfwöchige Behandlung stellt eine Verbindung aus Gruppendiskussion, physiologischen Informationen über weibliche Anatomie und Sexualität, Heimübungen und Individualunterricht dar. Zu den Heimübungen gehören die Erforschung und das Vertrautwerden mit dem eigenen Körper, Training der Beckenmuskulatur („Kegelübungen"), unterstützende sexuelle Phantasien und gestufte Masturbation. Wird später der Partner einbezogen, so kann der Übergang zum Geschlechtsverkehr dadurch erleichtert werden, daß dabei die manuelle Stimulation durch den Mann oder die Frau als „Brücke" beibehalten wird.

Vaginismus: Zur Behandlung einer reflexartigen Verspannung der Vaginalmuskulatur (bei Einführung des Penis) beginnt man mit einem Training zur Anspannung und Entspannung dieses Bereichs. Als nächstes erhält die Frau eine Reihe von Dilatatoren mit zunehmendem Umfang, die behutsam unter Verwendung eines Gleitmittels eingeführt werden und zur täglichen Übung dienen. Für den

Übergang zum Geschlechtsverkehr ist es wichtig, daß die Frau anfänglich den Penis des Mannes selbst einführt, damit sie das Gefühl hat, den Vorgang selbst zu steuern.

Sexualität kann zu weiteren Stufen der Intimität entwickelt werden. Von der Zärtlichkeit der Hautberührung, dem Vorspiel durch Stimulation der vielfältigen erogenen Zonen und dem einfachen genitalen Orgasmus kann die Liebesbeziehung zu unterschiedlichen und mehrfachen Orgasmen fortschreiten. Wie in Kapitel IV.2 beschrieben, kann der Mann lernen, ein hohes Erregungsplateau lange zu halten, innere Orgasmen ohne Ejakulation mehrfach nacheinander zu erleben und so der Partnerin Zeit zu geben, ihr orgastisches Stadium zu erreichen. Dabei verliert er keine Energie und beide genießen eine lange Phase der Lust. Durch den inneren Orgasmus kommt der Mann – wie die Frau – vielfach in den Genuß, daß sein Körper vollständig von Energie durchströmt wird, weil die muskulären Blockaden in diesem Moment gelockert werden.

Vor dem koitalen Zusammensein können beide Partner dem anderen zu Orgasmen verhelfen, die mit dem Finger in der Vagina der Frau und im Anus des Mannes hervorgerufen werden. Wie bei Anand (1990) dargestellt, kann die Stimulation des G-Punktes am Anfang der Vagina und des Zeltdaches an der tiefsten Stelle der Vagina zum Orgasmus und zur weiblichen Ejakulation führen. Analog zum empfindsamen Gewebe unter dem G-Punkt der Frau kann beim Mann die Prostata stimuliert werden – sie ist durch den Anus tastbar. Auch der Anfang des Anus im Bereich des Schließmuskels ist bei beiden Geschlechtern stark erogen, und eine zärtliche Massage dort wie auch der Dammgegend steigert das Lustempfinden. Für diese Formen der Zärtlichkeit ist besondere Hygiene und Vorsicht erforderlich. Um der Vielfalt der erotischen Möglichkeiten einer liebevollen und lustvollen Begegnung, die Menschen möglich ist, näherzukommen, sind oft erst Lernprozesse nötig. Manchmal müssen dazu anerzogene Hemmungen überwunden werden. Man kann in solchen Fällen, wo die Sexualität verarmt und die Eigeninitiative des Paares gehemmt erscheint, Übungen aus entsprechenden Anleitungen vorschlagen, wie Comfort (1992), Anand (1990), Barbach (1982), Zilbergeld (1986) sie zur Lektüre empfehlen.

Fall 11: Herr und Frau E. waren 15 Jahre verheiratet, schätzten und respektierten sich gegenseitig sehr und hatten ein friedliches, jedoch sexuell langweiliges Liebesleben. Beide sangen im Chor und waren aktive Kirchenmitglieder. Sie hatten keine Konflikte, an denen ihre Beziehung zu zerbrechen drohte, empfanden aber, daß ihre Beziehung bereichert werden müsse, um nicht zu erkalten. Der Therapeut versuchte, ihnen deutlich zu machen, daß die stetige sexuelle Bereitschaft ein Geschenk Gottes an die Menschen sei und es sich daher gezieme, dieses Geschenk entsprechend zu feiern. Sie sollten aus dem Manual von Comfort einmal pro Woche eine Übung durch blindes Aufschlagen auswählen, sie gemeinsam durchlesen und dann Gott um Vergebung bitten, daß sie sein Geschenk abweisen würden. Erleichtert berichteten sie beim nächsten Mal, daß sie keine Abbitte leisten mußten und zur Wiedergutmachung für ihre bisherigen Sünden gleich zwei Übungen gemacht hätten.

Austausch

Die Sexualität als eine Ressource für die Paarbeziehung zurückzugewinnen, ist nur ein Aspekt einer liebevollen Beziehung. Da neben der Zärtlichkeit auch Sorge, Toleranz und Vertrauen bedeutsam für eine dauerhafte Liebesbeziehung sind, ist die gegenseitige Zuwendung auf nichtsexueller Ebene genauso wichtig. Nach dem Balancemodell (s. Kap. V.3) ist eine Beziehung dann stabil, wenn sie attraktiver als mögliche Alternativen ist, wenn die positiven Erlebnisse die negativen überwiegen und wenn beide Partner gleichviel geben und voneinander erhalten. Um die positiven Erlebnisse in reziproker Weise zu steigern, gilt es, Dinge zu aktivieren, die einem oder beiden Spaß machen, und dies in einer Weise zu tun, daß die Bemühung gegenseitig ist. Die Übungen „Den anderen dabei erwischen, wie er etwas Gutes tut" und der Verwöhnungstag sind Beispiele dafür, wie man ein Paar anregen kann, in der Beziehung aktiver zu sein (Hahlweg, Schindler und Revenstorf, 1986)

„*Den anderen dabei erwischen, wie er etwas Gutes tut*": Beide Partner werden gebeten, unabhängig voneinander während der Woche auf einem Blatt alle Verhaltensweisen des Partners einzutragen, die ihnen gutgetan haben. Falls nicht allzu große Bosheiten zu erwarten sind, können auf der Rückseite die Dinge festgehalten werden, die als störend empfunden wurden. Die beiden Listen werden ohne Kommentar in der nächsten Sitzung ausgetauscht und dienen als Grundlage für die folgende Übung.

Verwöhnungstag: Beide Partner legen einen unterschiedlichen Tag fest, an dem sie den Partner verwöhnen wollen, ohne daß er weiß, womit. Er muß lediglich notieren, was ihm an dem Tag auffiel. Als Anregung für mögliche Verwöhnungen dient die Liste der Wohltaten aus der vorangehenden Übung.

In Problemlösegesprächen (s. Kap. VI.4) können außerdem Wohltaten und Pflichten in eine balancierte Form gebracht werden, was die Gefahr der einseitigen Ausnutzung verringert sowie das Aufkommen von Schuldgefühlen und Kränkungen. Auf der Handlungsebene geht es darum, die Intimität der Beziehung zu steigern, indem sich beide mehr und mehr darum bemühen, die Dinge kennenzulernen und zu akzeptieren, die dem anderen guttun. Dazu gehört es auch, darüber zu reden und sich die damit verbundenen Gefühle mitzuteilen, wie im nächsten Abschnitt beschrieben werden wird.

4. Verständigung: Worte und Gesten

Axiome der Kommunikation
Kommunikation ist ebenso zirkulär wie alle anderen Interaktionen des Paares. Man kann auch sagen, daß jede Interaktion Kommunikation sei; hier ist jedoch die Unterhaltung des Paares mit Worten, Gesten und Mimik gemeint. Watzlawick, Beavin und Jackson (1968) unterscheiden drei Funktionen, die jede Kommunikation hat: sie vermittelt Information, charakterisiert die Beziehung zwischen Sender und Empfänger und soll meist pragmatisch etwas im Umfeld verändern. Der Ehemann sagt: „Bring doch Zigaretten vom Supermarkt mit." Er teilt seiner Frau seinen Wunsch mit (Information), er macht deutlich, daß er ihr einen Auftrag zumutet (Beziehung), und möchte, daß Zigaretten verfügbar sind (pragmatischer Aspekt). Zusätzlich gibt die Mitteilung u. U. auch Auskunft über den Zustand dessen, von dem sie stammt: Der Ehemann braucht Zigaretten. Die Frau kann schweigen oder antworten, Zigaretten mitbringen oder es sein lassen: Sie kommuniziert ihrerseits in jedem Fall. Schweigt sie und bringt die Zigaretten mit, signalisiert

sie damit, daß sie der Aufforderung des Mannes folgt (Beziehungsaspekt), je nach Gesichtsausdruck und Körperhaltung läßt sie den Mann auch ohne Worte spüren, wie sie die Bitte findet: angemessen oder als Zumutung (Information). Und pragmatisch sorgt sie dafür, daß Zigaretten im Haus sind.

Anfang und Ende der Kommunikation zwischen den beiden sind willkürliche Festlegungen. Bringt sie keine Zigaretten mit, so könnte der Mann beleidigt sein und begründen: „Ich bin beleidigt, weil du auch wirklich gar nichts für mich tust." Die Frau könnte kontern: „Was tust du denn schon für mich?" und er erwidern: „Du bist ja doch nie zufrieden." So läßt sich die Ursache der Unstimmigkeit weiter und weiter zurückverfolgen und immer wieder beim anderen finden. Jeder setzt den Anfang des Konflikts so fest, daß der andere schuld ist.

Die Kommunikation hat verbale (digitale) und nonverbale (analoge) Komponenten, wie die begleitende Mimik und Körperhaltung, Stimmqualität usw. Die nonverbalen Anteile sind oft unwillkürlich oder sogar unbewußt. Sie werden meist unterschwellig vom anderen wahrgenommen, wirken aber mitunter stärker als die Worte. Das macht sich dann in einem guten oder unguten Gefühl beim Empfänger bemerkbar, das im Widerspruch zu der Information steht, die mit Worten zu Ausdruck gebracht wurde.

Menschen, die aufeinander eingespielt sind, entwickeln wiederkehrende Kommunikationsmuster. Es werden zwei Hauptklassen unterschieden, nämlich symmetrische und komplementäre Muster. Bei symmetrischer Kommunikation reagiert der Partner mit gleichen Mitteln; das führt zu zwei Arten „positiver" Rückkopplung. Bei positiven Äußerungen ergibt sich eine zunehmende Annäherung – etwa bei Zärtlichkeiten. Im Fall von negativen Äußerungen führt die „positive" Rückkopplung zur Streiteskalation und Distanzierung. Dies trifft auf Paare zu, die in Gottmans Kategorien der „Verächtlichen" und der „Metzler" gehören (s. Kap. V.2). Dem steht die negative Rückkopplung in der komplementären Kommunikation gegenüber: Der eine klagt, und der andere gibt nach, wie oft bei den konfliktscheuen Paaren zu beobachten ist. Die impulsiven Paare beherrschen ein kombiniertes Muster: Sie streiten symmetrisch, und wenn eine bestimmte Grenze der Feindseligkeit überschritten ist, können sie die Eskalation unterbrechen oder durch „negative" Rückkopplung reduzieren: „Jetzt mag ich nicht mehr streiten." „Negative" Rückkopplung bei positiven Äußerungen führt zu Kontaktverlust. Sie schwärmt beispielsweise: „Heute ist eine so romantische Nacht", und er beschwichtigt: „Das sagst du immer, wenn Vollmond ist."

Wenn unproduktives Streiten ein häufiges Problem des Paares darstellt, kann man versuchen, die beiden zu einem anderen Kommunikationsstil umzuerziehen. Dabei bleibt allerdings die systemische Funktion des Streits unberücksichtigt. Die Funktion des Streits kann etwa die Vermeidung von zu großer Nähe sein. Durch den Streit wird eine Art Kontakt – wenn auch in unerfreulicher Weise – möglich, der aber einen oder beide davor schützt, sich zu sehr zu öffnen. Streit kann auch die Funktion haben, die Distanz und Nähe periodisch zu regulieren. Viele Paare sagen, daß sie besonders leidenschaftlich miteinander schlafen, nachdem sie sich vorher heftig gestritten haben. Im Streit wurden angehäufte Frustrationen ventiliert, die andernfalls unterschwellig den Kontakt vergiften würden. Nähe und Distanz sind zyklische Bedürfnisse, und der Streit ermöglicht eine von Zeit zu Zeit psychohygienisch erforderliche Distanz: Man kann sich nur so nahekommen, wie man sich voneinander entfernen kann. Konfliktscheue Paare vermeiden das – manchmal um den Preis des intensiven Kontaktes (wie im Fallbeispiel 3 auf S. 46).

Auf der anderen Seite ist ein symptomorientiertes Umlernen der Kommunikationsmuster sinnvoll, wenn eine Änderungsbereitschaft da ist, aber der Zirkel der Streiteskalation so gewohnt ist, daß er sich verselbständigt hat. In anderen Fällen kann man davon ausgehen, daß die Partner im Grunde wissen, wie sie den wiederholten Streit vermeiden könnten – aber sie wollen es aus den genannten Gründen nicht. Es lohnt sich auch in einem solchen Fall, dem Paar Gelegenheit zu geben, ihren Kommunikationsstil zu überprüfen. Einmal werden dadurch vielleicht die genannten Bedürfnisse und Ängste bewußt und können bearbeitet werden. Zum anderen kann man das derart gelenkte Gespräch eines Paares dazu nutzen, gegenseitige Annäherung zu ermöglichen und die Hoffnung zu bestärken, daß es am Partner liebenswerte Seiten gibt. Dies wird im nächsten Abschnitt beschrieben. Eine derartige Übung unterbricht das im beruflichen Alltag so nützliche Immunisierungsverhalten, das manchmal reflexartig auf die private Situation übertragen wird und dazu führt, Intimität zu verhindern. Im folgenden werden vier Typen von therapeutischen Gesprächen beschrieben: Konfliktgespräche, Problemlösegespräche, Streitgespräche und Zwiegespräche.

Konfliktgespräche
Zur Veränderung der Kommunikation macht man das Paar darauf aufmerksam, wie ein idealer Sender und ein idealer Empfänger reagieren:

- Ideale Empfänger hören zu und fassen immer wieder zwischendurch zusammen, was sie vom anderen verstanden haben (aktives Zuhören). Sie können ihre eigene Meinung zurückstellen, solange sie zuhören, um sie später zu äußern. So wird ihre Empathie nicht durch eigene Rechtfertigungen überdeckt. Dazu ist es notwendig, einzusehen, daß man dem anderen signalisieren kann, daß man ihn verstanden hat, ohne daß man ihm damit recht gibt. Das erstere sollte dem Partner fast immer möglich sein, letzteres hingegen nicht.
- Ideale Sender äußern ihre Kritik so, daß sie nicht nur den anderen angreifen und sich selbst schützen, sondern ihren eigenen Anteil an dem Unbehagen ungeschützt zum Ausdruck bringen und sich dadurch öffnen (nicht-anklagende Kritik). Statt zu sagen: „Immer läßt du Schlamper deine dreckige Wäsche herumliegen. Du meinst wohl, ich sei deine Putzfrau!" (1) sagt der ideale Partner: „Gestern habe ich wieder deine dreckigen Sachen weggeräumt. Mach das bitte selbst – sonst hab' ich das Gefühl, ich sei nichts weiter als deine Putzfrau" (2). In der zweiten Version vermeidet die Frau eine allgemeine Verurteilung ihres Mannes und macht im Nachsatz ihr Minderwertigkeitsgefühl deutlich. Während die erste Formulierung eher dazu geeignet ist, Wut und Verteidigung in dem anderen auszulösen, kann die zweite Art der Formulierung dazu beitragen, Verständnis und Kooperation zu entlocken. Manchmal löst die nicht-anklagende Kritik allerdings auch Schuldgefühle aus – auch Sanftmut kann manipulativ sein. Das ist dann weniger produktiv.

Wenn die Partner jetzt angeleitet werden, in folgender Weise ihren Dialog künstlich zu strecken, erleben beide oft eine deutliche Annäherung aneinander:

A äußert seine Kritik nicht-anklagend
B faßt aktiv zuhörend zusammen
A ergänzt oder bestätigt die Richtigkeit

Dann:
B äußert seine Kritik nicht-anklagend
A faßt aktiv zuhörend zusammen
B korrigiert oder bestätigt die Richtigkeit

Das Gespräch könnte etwa so beginnen:
F: „Heute morgen habe ich deinen vollen Aschenbecher weggeräumt; ich kam mir vor wie deine Putzfrau und hab' mich minderwertig gefühlt."
M: „Du hast schon genug zu tun und magst mir nicht hinterherräumen."
F: „Nein. Es ist nicht die Arbeit, sondern das Gefühl, daß du mir etwas zumutest, was du selbst nicht machen willst."
M: „Dich verletzt es, daß ich dich etwas machen lasse, wozu ich selber keine Lust habe."
F: „Ja, genau."
M: „Ich bin abends manchmal so müde, daß ich es richtig genieße, bedient zu werden."
F: „Deine Erschöpfung bringt dich auf die Idee, daß es schön wäre, einen Diener zu haben."
M: „Da ist etwas dran."

Der Therapeut achtet darauf, daß die nicht-anklagende Kritik, das aktive Zuhören und Sequenz im Gespräch eingehalten werden und die Gegendarstellung nicht gegeben wird, bevor der Partner sich verstanden fühlt.

Problemlösegespräche
Diese Gesprächsform ist bei Paaren angezeigt, bei denen Gottmans „apokalyptische Reiter" der hemmungslosen Kritik, Verachtung, Immunisierung und des Rückzugs bereits aufgetreten sind. Das aktive Zuhören und die nicht-anklagende Kritik wirken der gegenseitigen aversiven Kontrolle des Zwangsprozesses entgegen (s. Patterson, 1975). Diese Redeweise läßt sich mit einem Problemlöseversuch verbinden, der dann folgende Form annimmt (s. Hahlweg, Schindler, Revenstorf, 1986).

Die Partner wählen einen akuten Konfliktstoff aus und begrenzen ihre Diskussion auf ein bestimmtes Problem, um nicht vom Hundertsten zum Tausendsten zu kommen. Dann wird das Gespräch in sechs Phasen unterteilt:

1) Problemdarstellung
2) Wunschvorstellung (zunächst auch unrealistisch)
3) Lösungsvorschläge („brainstorming")
4) Konkrete Lösungen
5) Probeweise, verbindliche Abmachung
6) Überprüfung

In den Phasen 1), 2) und 6) sprechen beide abwechselnd im Sinne idealer Sender und Empfänger wie im Konfliktgespräch. Die Phasen 4) und 5) beinhalten ein gegenseitiges Aushandeln konkreter Verhaltensweisen. Früher dachten Verhaltenstherapeuten, es wäre wichtig, an die Abmachung eine wechselseitige oder individuelle Belohnung zu knüpfen. Es hat sich aber herausgestellt, daß das keinen Unterschied macht. Entscheidend ist die Abmachung, das Gefühl, sich verpflichtet zu haben.

Der Therapeut strukturiert den Dialog und achtet darauf, daß keiner der beiden Gesprächspartner überfordert wird, daß beide zu ihrem Recht kommen, daß Gefühlsinhalte angesprochen werden, Abmachungen aussichtsreich erscheinen und daß der behandelte Gegenstand für das Paar relevant bleibt. Um über auftretende Schwierigkeiten in dieser Dialogführung hinwegzuhelfen, können unter anderem folgende, im Kasten auf S. 106 f. aufgeführte Interventionen eingesetzt werden (s. Revenstorf, 1994b). Wie Stierlin formuliert, ist „Allparteilichkeit" sinnvoller als der Versuch der Unparteilichkeit, d. h., der Therapeut stützt in wechselnden Koalitionen (1) mal den einen und mal den anderen Partner – je nachdem, welcher gerade in der schwächeren Position ist. Das kann er durch Neigung des Körpers, Näherrücken, verbale Verstärkung und humorvolle Begrenzung des anderen bewirken. Seine Grundhaltung ist respektlos gegenüber dem Problem (mit Ausnahmen) und respektvoll gegenüber den Personen.

Paare sträuben sich unbewußt gegen Veränderungen ihrer Beziehung, weil sie damit auch irrationale Ansprüche aufgeben (s. Kap. VI.2). Deshalb muß der Therapeut etwas dafür tun, daß das Gespräch anders als gewohnt verläuft. Er kann auf die Regeln (aktives

Zuhören und nicht-anklagende Kritik) verweisen (2). Er kann den stockenden Dialog durch vertretungsweise Formulierung der Zusammenfassung und der nicht-anklagenden Kritik wieder in den Fluß bringen (Triangulierung, 4). Er kann durch Satzvorgaben (6) den Partnern aggressive oder liebevolle Haltungen versuchsweise in den Mund legen, um sie überprüfen zu lassen. Wenn die Satzvorgabe abgelehnt wird, kann man sie auch umdrehen (7). Der Therapeut kann immer wieder fragen, was in den beiden vorgeht (Prozeßfragen, 3), um mehr Öffnung unter dem Schutz der Therapie zu ermöglichen. Wenn der eine Partner einen Wunsch an den anderen hat, wie er sich verhalten oder mit ihm reden soll, und dieser kann es ihm nicht recht machen, können beide die Rollen tauschen (8), d. h., der eine verhält sich probeweise so, wie er es sich vom anderen wünscht. Dabei wird das gewünschte Verhalten modellhaft vorgeführt und anschaulich gemacht.

Damit ein solches Gespräch nicht banal und langweilig wird und versandet, ist es wichtig, immer wieder feststellen zu lassen, ob Form und Inhalt vom Paar als relevant empfunden werden (Bilanzierung, 5).

Manchmal sind die verbalen Muster so eingefahren, daß sie kaum argumentativ zu unterbrechen sind. Dann ist es sinnvoll, das Medium der Kommunikation zu wechseln (9). Derartige nonverbale Übungen machen den Partnern etwas über ihre Beziehung deutlich und dienen zugleich dem Therapeuten als Diagnostik der Beziehungsqualität bezüglich der Nähe- und Distanzwünsche, der Strategien der Kontrolle, der Annäherung und der Orientierung in andere Richtungen.

Manöver der Gesprächslenkung

1. Wechselnde Koalitionen (Allparteilichkeit)
2. Regelverweis
   (aktives Zuhören, nicht-anklagende Kritik)
3. Prozeßfragen
   („Was empfinden Sie im Moment?")
4. Triangulierung
   („Darf ich versuchen zusammenzufassen, was Ihre Frau meint?")

5. Bilanzierung
   („Wie geht es Ihnen mit dem bisherigen Verlauf des Gesprächs? Haben Sie das Wesentliche sagen können? Hat Ihr Partner Sie verstanden?")
6. Satzvorgaben (auch paradoxe Übertreibungen)
   („Sagen Sie mal: ‚Ich will dir nicht helfen.' – Wie geht's Ihnen dabei?")
7. Umkehrungen von abgelehnten Satzvorgaben.
   („Drehen Sie es um, sagen Sie: ‚Ich will dir helfen.' – Wie geht's Ihnen dabei?")
8. Rollentausch
   („Machen Sie Ihrem Mann mal vor, wie er das zu Ihnen sagen soll.")
9. Medienwechsel (z.B. Phantasie, Skulptur)
10. Trennungsphantasie (getrennte Reise, Scheidung)

Man bittet die Partner, sich umzudrehen und Rücken an Rücken zu sitzen, die Augen zu schließen und sich ein Bild vorzustellen, das den augenblicklichen Zustand ihrer Beziehung darstellt. Es kann eine Bergwanderung, eine Bootsfahrt o.ä. als Anregung vorgegeben werden; die Partner sollen ihre Aktivitäten in diesem Bild beschreiben. Daraus resultiert meist eine metaphorische Darstellung, die die aus dem Alltag gewohnten verbalen Immunisierungen nicht enthält und zum Ausgangspunkt eines neuen Dialoges werden kann.

Oder man bittet die beiden Partner, in die gegenüberliegenden Ecken des Zimmers zu gehen und anschließend ohne Worte aufeinander zuzugehen bzw. stehenzubleiben oder das zu tun, was ihnen gefühlsmäßig stimmig erscheint. Bei einem Paar ergab sich, daß die Frau ablehnend in der Ecke blieb und der Mann sich ihr bittend näherte. Der Frau wurde klar, daß sie sich trennen wollte, und dem Mann, daß er die Haltung des Bittstellers nicht länger einnehmen wollte. Anschließend konnte über die Trennung geredet werden. Bei einem anderen Paar näherte sich der Mann mehrfach seiner Frau, und sie reagierte jedesmal mit einem Sicherheitsabstand. Schließlich wandte sich der Mann ganz ab. Dabei wurde die Alles-oder-nichts-Strategie des Mannes ebenso unübersehbar deutlich wie Vermeidung von Nähe durch die Frau.

Wenn die Partner unterschiedliche Vorstellungen davon haben, was in der Beziehung erreicht werden soll, ist folgende Intervention hilfreich, die auf Bader und Pearson (1988) zurückgeht. Man bittet die Partner ein leeres Blatt (DIN A4) zwischen sich zu halten, das beide mit Daumen und Zeigefinger fassen. Dann sollen sich beide vorstellen, das Blatt repräsentiere das, was jeder jeweils von der Beziehung will, und beide sollen versuchen, ohne Worte ihr Ziel symbolisch dadurch zu erreichen, daß sie das Blatt in ihren Besitz bringen. Dabei werden Verhaltensmuster deutlich, die sonst mit Worten leicht vertuscht würden, wie plötzliches Ansichreißen, sofortiges Aufgeben, Zerreißen des Blattes, beidseitiges Beharren ohne Kompromißbereitschaft usw. Außerdem können sich beide plastisch vor Augen führen, wie wenig durch einseitige Definition der Ziele für die Beziehung getan werden kann. Das Ergebnis ist oft ein günstiger Ausgangspunkt für eine weitere Besprechung auf verbaler Ebene.

Wenn die Beziehung in einer Sackgasse zu stecken scheint und keiner der beiden genügend Wohlwollen entwickelt, sich dem anderen zu öffnen und ihm entgegenzukommen, kann das Paar damit konfrontiert werden, daß eine (vorläufige) Trennung eine gute Lösung sei (10). Hier ist die Vorstellung hilfreich, daß beide getrennt in den Urlaub fahren, oder die Phantasie, daß sie sich heute geschieden hätten. Wieder Rücken an Rücken, um Schutz und eine gewisse Abgrenzung zu garantieren – bittet der Therapeut die Partner – sich vorzustellen, wie die nächsten Tage, Wochen, Monate und Jahre verlaufen würden (S. 138). Danach kann in einem Gespräch geklärt werden, was diese Vorstellung auslöst. Meist führt sie zu einem deutlicheren Bemühen, etwas für die positive Stabilisierung der Beziehung zu tun. Manchmal macht sie auch ein Trennungsgespräch möglich. Wenn ein Partner bei dem Gedanken an die Trennung depressiv reagiert und der andere erleichtert erscheint, ist sehr wahrscheinlich eine Einzeltherapie angezeigt.

Typische Themen für Konflikt- und Problemlösegespräche sind:
Kommunikation
Kontakt zu den Schwiegereltern
Erziehung der Kinder
Beziehung zu den Kindern
Freundschaften

Interessen
Sexualität
Geld
Werte

Dahinterliegende Bedürfnisse betreffen:
Abhängigkeit
Intimität
Machtbalance
Aktive oder passive Haltung
Angst vor Einsamkeit
Angst, verlassen zu werden
Gewünschte Charaktereigenschaften des anderen

Die Wirksamkeit des Kommunikations- und Problemlösetrainings ist vielfach nachgewiesen worden (vgl. Schindler, Hahlweg, Revenstorf, 1998; Jacobson, 1977). Es hat sich gezeigt, daß die Kombination beider Verfahren der Anwendung nur einer der beiden Komponenten überlegen ist. Beide zielen auf die Fähigkeit der Paare ab, sich aneinander anzupassen, Kompromisse zu schließen und zu kooperieren. Ausgehend von der Beobachtung, daß die Anpassungsfähigkeit und Veränderungsbereitschaft in den meisten Beziehungen begrenzt ist, schlagen Christensen, Jacobson und Babcock (1995) die Integration einer dritten Komponente vor, die sie als „Akzeptanz" bezeichnen. Dieser Ansatz zielt darauf ab, solche Konflikte, die sich auch mit therapeutischer Unterstützung nicht lösen lassen, zu akzeptieren, indem der sich beklagende Partner damit aufhört, den anderen ändern zu wollen. Dem entsprechen die Komponenten *Toleranz* und *Sorge* in dem Modell von Swenson (s. Tab. 6 auf S. 71). Um diesen Prozeß zu fördern, haben die Autoren vier Strategien entwickelt:
1. Empathische Diskussion: Die Entwicklung eines Kommunikationsstils, der das Problem als gemeinsamen Feind behandelt, unter dem beide zu leiden haben. Wenn das gelingt, können die Partner über ihre Schwierigkeiten sprechen, ohne sich gegenseitig anzuklagen, und können sich nach dem Prinzip „Geteiltes Leid ist halbes Leid" im Gespräch über das Problem näherkommen und sich empathisch verbünden. Insofern wird der Konfliktstoff, der ursprünglich zwischen den Partnern stand und sie emotional trennte, zur Quelle neuer Intimität.

2. Innere Distanzierung vom Problem, z. B. durch Humor oder durch eine objektive Analyse des typischen Ablaufs einer Problemsituation. Dadurch lernt das Paar, destruktive Interaktionssequenzen gewissermaßen aus der Beobachterposition wahrzunehmen und in schwierigen Situationen emotional gelassener zu bleiben, wodurch der Konflikt noch weiter externalisiert und entschärft wird.

3. Erhöhung der Toleranz gegenüber dem negativen Verhalten des Partners. Dies kann geschehen, indem in der Therapie auf die positiven Seiten des Problems hingewiesen wird oder indem der Kontext, in dem das negative Verhalten normalerweise auftritt, geändert wird. Um das zu erreichen, kann der Therapeut das Paar auffordern, das Problemverhalten und die Reaktion darauf in einer neutralen Situation zu „spielen", wodurch es in der Regel als weniger schwerwiegend empfunden wird.

4. Die Entwicklung von mehr Unabhängigkeit, indem die Partner lernen, besser für sich selbst zu sorgen. Wenn eine Person ihre Bedürfnisse auch unabhängig von ihrem Partner befriedigen kann, fühlt sie sich weniger auf ihn angewiesen und wird daher seine Unzulänglichkeiten leichter akzeptieren können.

Interessant ist an diesem Ansatz die aus der Gestalttherapie bekannte Paradoxie der Veränderung: Denn, obwohl die Strategien darauf abzielen, daß der Partner so akzeptiert wird, wie er ist, entsteht in den meisten Fällen gerade dadurch, daß der eine aufgibt, den anderen verändern zu wollen, in ihm von allein die Bereitschaft zu positiver Veränderung.

Viele der beschriebenen Kommunikationsstrategien haben auch dann eine positive Wirkung auf bestehende Beziehungen, wenn sie mit Klienten individuell durchgeführt werden, ohne daß der Partner anwesend ist; denn im Prinzip handelt es sich um Fertigkeiten des Individuums. Sie gelten auch für homosexuelle und lesbische Paare und können teilweise auch bei Konflikten zwischen Eltern und jugendlichen Kindern angewendet werden.

Streitgespräche
Steht die Ventilation von Frustrationen im Vordergrund und gehört das Paar nicht gerade zu den Konfliktvermeidern, dann kann die Beziehung von einigen sportlichen Regeln und Bandagen für faires Streiten profitieren, die die gegenseitigen Kränkungen ein-

grenzen. Jeder kennt Ausdrücke oder Erinnerungen, die den Partner mit großer Sicherheit in Rage bringen. Solche Inhalte können in gegenseitigem Einvernehmen zu Tabuwörtern (unzulässigen Tiefschlägen) erklärt werden. Die zulässigen Verbalinjurien lassen sich vorher ebenfalls festlegen oder werden in einem Aggressions-Ritual zum Ausdruck gebracht (z.B. „Ich hasse an dir, daß du …"). Die Verwandlung des Streits in eine körperliche Auseinandersetzung z.B. mit Kissen oder Schaumstoffschlägern (Batakas) schafft manchmal Erleichterung und bringt eine humorvolle Note in die Situation, ist allerdings nicht für alle Paare geeignet. Für den Fall, daß einer von beiden sich dem Geschehen nicht mehr gewachsen fühlt, kann ein Pausenzeichen („Auszeit") vereinbart werden. Um die im Streit entstehende physiologische Erregung abklingen zu lassen, reichen fünf Minuten nicht aus. Gottman stellte fest, daß die Unfähigkeit des Paares, die physiologische Erregung im Streit zu begrenzen, einer der besten Prädiktoren für eine spätere Trennung war; er empfiehlt eine Unterbrechung von mindestens 20 Minuten, wenn der Puls (am Handgelenk oder am Hals getastet) den Normalwert um 10 Schläge übersteigt. Ganz zu vermeiden sind gegenseitige Verletzungen nie. Man kann aber die Partner bitten, sich die Möglichkeit zurechtzulegen, um Verzeihung zu bitten („Tut mir leid, ich bin zu weit gegangen; bitte verzeih' mir."). Auf diese Weise lernt das Paar, Aggression zuzulassen und zugleich in ihren Auswirkungen zu begrenzen (Bach und Wyden, 1968).

Zwiegespräche
Bei Paaren, die eine intakte Beziehung, aber Konflikte haben, die auf mangelnde Intimität zurückgehen, ist eine Form des Gespräches sinnvoll, die Möller (1988) Zwiegespräch nennt. Hierbei geht es nicht um Konfliktlösung oder um streitbare Auseinandersetzung, sondern um eine Erweiterung dessen, was vom anderen bekannt ist. Jeder spricht über das, was ihn im Moment beschäftigt. In dem Gespräch besteht keinerlei Intention, den anderen vom eigenen Standpunkt zu überzeugen. Die Partner beschränken sich darauf, zu sagen, was in ihnen vorgeht, versuchen aber nicht, dem anderen eine eigene Gegenposition näherzubringen. Der Schwerpunkt des Gespräches liegt auf der Empathie des Zuhörens. Der Zuhörer profitiert von der Darstellung des Partners, indem er an-

schließend mehr über ihn weiß. Der Erzähler profitiert von der Akzeptanz, die ihm ermöglicht, sich zu öffnen und sich selbst zu erforschen. Das Gespräch könnte etwa so beginnen:

Sie: „Heute hat mich meine Freundin Klara angerufen und mir die Hucke voll gejammert. Es ist mir schwergefallen, ihr zuzuhören und nicht ärgerlich zu werden."
Er: „Ich würde mir vorkommen, als sollte ich den Mülleimer für Klara spielen."
Sie: „Ich möchte für sie da sein, wenn sie mich braucht. Ich will aber auch nicht verlogene Liebesdienste leisten – das hab' ich schon oft im Leben gemacht. Es scheint, ich kann nicht ertragen, den anderen zu enttäuschen."
Er: „Mich beschäftigt gerade etwas ganz anderes. Ich weiß nicht, ob ich genug für meinen Beruf tue. Es hat insofern etwas mit dem zu tun, was du gesagt hast: daß ich zu wenig engagiert bin. Ich komme mir vor, als würde ich mir das nehmen, was ich brauche, ohne für die anderen da zu sein. Ich bin zwar effizient, habe aber kaum Freunde im Geschäft."
Sie: „Das würde mich traurig machen."

In dieser Art Gespräch hilft der eine dem anderen, sich selbst besser kennenzulernen, ohne daß dieser ein Risiko eingeht und seine Selbstöffnung ihm zum Nachteil wird. Dadurch lernt er mehr von sich zu akzeptieren als in einem Therapiegespräch. Möller hält das Zwiegespräch für die kleinste Selbsthilfegruppe. Es geht nicht darum, den anderen, wie er es nennt, zu „kolonialisieren", d.h., ihn von seiner eigenen Meinung zu überzeugen, sondern darum, mehr über ihn zu erfahren und ihn mehr über sich erfahren zu lassen. Durch die gegenseitige Kenntnis und Akzeptanz steigert sich die Intimität. Das betrifft auch die Anteile, die jeder sonst sorgfältig verborgen hält, die Schattenseiten der eigenen Persönlichkeit.

Aufgrund des unbewußten Zusammenspiels der Bedürfnisse in der Zweierbeziehung kann man von einem gemeinsamen Unbewußten ausgehen. Auf dieser Ebene findet eine Verteilung der Aufgaben zwischen den Partnern statt. Beide Partner delegieren Anteile ihrer eigenen Persönlichkeit, die sie bei sich selbst nicht zulassen oder die der andere besser repräsentiert, an ihn, der sie noch mehr, als er es ohnehin täte, ausleben kann. Vorstellbar wären hier unbewußte Zuschreibungen wie „Ich bin so ordentlich, weil du so chaotisch bist" oder „Ich bin so untreu, weil du so eifersüchtig bist" und jeweils umgekehrt. Unter dieser Annahme ist der andere auch immer an dem beteiligt, was den einen beschäftigt. Wenn ein Partner daher über Dinge redet, die ihm Schwierigkeiten machen, so ist das gar nicht vollständig egozentrisch, sondern im Grunde sprechen beide über gemeinsam mitverursachte Erfahrungen. Wichtig für die Wirksamkeit solcher Zwiegespräche ist der gemeinsame Entschluß dazu, die regelmäßige und ungestörte Durchführung (etwa 90 Minuten), die aktive Beteiligung beim Zuhören zu etwa 50% und der Verzicht auf bedrängende Fragen sowie Blickkontakt, der das Gespräch begleitet.

Die vier Formen Streitgespräch, Konflikt- und Problemlösegespräch sowie Zwiegespräch haben unterschiedliche Funktionen für die Beziehung. Faires Streiten ist eine gezähmte Form der Aggression zum Zweck der Abgrenzung und Identitätsfindung. Konfliktgespräche dienen der Annäherung und der Überwindung von Distanz, die sich durch die Immunisierungsstrategien des anonymen Alltags in die Beziehung eingeschlichen haben. Problemlösegespräche sollen konkrete Mängel in der Gestaltung der Beziehung ausräumen. Und Zwiegespräche schließlich sind Ausdruck einer Bemühung um eine tiefere Form der Liebe, bei der es darum geht, dem anderen sein Interesse an ihm zu zeigen und die Bereitschaft, ihn grundsätzlich gelten zu lassen und neu zu entdecken.

5. Irrationale Gedanken und Schuldzuweisung

Attributionsstile
Für die Zufriedenheit in der Beziehung ist die Art, wie wir negative Erfahrungen verarbeiten, offenbar von grundlegender Bedeutung. Es genügt nicht, wenn wir schöne Erfahrungen anhäufen, um eine erfüllte Beziehung zu leben. Die Tendenz, die Schuld an einem verpaßten Termin, einer übersehenen Rechnung oder einer Verspätung im Kino dem anderen anzulasten und zu folgern, daß das an seinem Charakter liegt und schon immer so war, ist nicht nur sehr verbreitet. Diese ungünstige Neigung zu globaler Schuldzuweisung für erlittenes Mißgeschick sagt auch viel mehr über die Tragfähigkeit der Beziehung aus, als etwa die viel günstigere Tendenz,

gemeinsames Glück dem anderen zugute zu halten oder gemeinsames Unglück äußeren Umständen zuzuschreiben (Dionne und Revenstorf, 1998). Grundsätzlich kann man einem Vorkommnis nach drei Gesichtspunkten eine Ursache zuschreiben (Seligman, 1975):
- äußeren Umständen (extern) oder sich selbst (intern)
- einer generellen Tendenz (global) oder einmaligen Ereignissen (individuell)
- dem Zufall (variabel) oder einer Gesetzmäßigkeit (stabil).

In einem für die Harmonie der Beziehung günstigen Attributionsstil würde ein hypothetisches Traumpaar wie folgt reagieren:

Positive Ereignisse werden auf stabile, globale und interne Ursachen zurückgeführt; z. B: Der eine erzählt einen Erfolg aus seinem Alltag, und der andere antwortet: „Ich wußte schon immer (stabil), daß du das schaffst (intern). Du bist (global) wunderbar."

Negative Ereignisse werden variabel, individuell und extern attribuiert; z.B.: Einer erzählt einen Mißerfolg aus seinem Alltag, und der andere antwortet: „So ist das Leben (extern); das nächste Mal wirst du mehr Glück haben (variabel). Das wird nicht mehr vorkommen (indviduell)."

Dagegen würde in einem für die Harmonie der Beziehung ungünstigen Attributionsstil ein hypothetisches Horrorpaar sich wie folgt kommentieren:

Positive Ereignisse werden auf variable, individuelle und externe Ursachen zurückgeführt; z. B: Der eine erzählt einen Erfolg aus seinem Alltag, und der andere antwortet: „Du hast einfach Glück gehabt (external). Das hat nichts zu bedeuten (variabel). Das nächste Mal sieht es ganz anders aus (individuell)."

Negative Ereignisse werden stabil, global und intern attribuiert; z. B.: Einer erzählt ein Mißgeschick aus seinem Alltag, und der andere antwortet: „Natürlich muß dir (intern) das passieren. Ich wußte schon immer, daß du blöd bist (stabil). Du bringst auch überhaupt nichts auf die Reihe (global)."

Wir erliegen offenbar immer wieder der Versuchung, das Verhalten des anderen durch Schuldzuweisung bestrafend verändern zu wollen. Patterson (1975) nennt das den „Zwangsprozeß". Man könnte daraus folgern, daß wir üben müßten, die Beziehung vom Negativen zu entlasten und mit Positivem anzureichern. Aber der Grund dafür, daß wir den negativen Gefühlen oft soviel stärker verhaftet sind als den positiven, liegt womöglich viel tiefer.

Die Beziehung zwischen zwei Menschen, die glauben, daß sie etwas Tiefes verbindet, hat oft eine eigenartige Grundlage. Unzählige Paare streiten sich in täglicher Wiederholung in fast gleicher Weise ihr Leben lang und vertiefen mit Lust den Graben des Hasses zwischen sich. Sie verhindern erfolgreich, daß die Liebe, die sie füreinander empfinden, sichtbar wird. Ihr Leben gleicht einer unaufhörlichen Kette von Streitigkeiten, und obwohl die Vernunft dafür sprechen würde, ein so wenig erfreuliches Zusammenleben schnell zu beenden, scheint eine Trennung unendlich schwerzufallen. Langfristig verschärft sich die Auseinandersetzung oft, oder die Beziehung verödet. Hierzu tragen die vier von Gottman so genannten „apokalyptischen Reiter" bei, die einen solchen Prozeß einläuten: Kritik, Verachtung, Abwehr und Rückzug.

Es ist so, als würde eine tiefe Sehnsucht bestehen, den anderen dazu zu bringen, daß er endlich einsieht, daß er mich nicht genug liebt. Dieses Bedürfnis nach mehr Liebesbeweisen und die Kränkung, Wut und Eifersucht darüber, daß der andere dazu nicht in der Lage ist oder nicht dazu bereit zu sein scheint, kann man nur als kindlich bezeichnen. Die erwachsene Vernunft sagt: „Lieber ein Ende mit Schrecken als ein Schrecken ohne Ende." Aber viele Paare handeln nicht nach dieser Maxime – oder erst spät. Nun könnte man einwenden, daß es Verpflichtungen, allem voran die Kinder, gibt, oder auch große materielle Nachteile, die eine Trennung verhindern. Aber rechtfertigt das ein jahrelanges Unglück? Und wenn schon die Vernunft es nahelegt, an der Beziehung festzuhalten, könnte man dann nicht auch vernünftig mit ihr umgehen? Denn zu sagen: „Wieso hast du mich den ganzen Tag nicht angerufen, du hast dich wohl mit jemand anderem gut unterhalten. Du liebst mich nicht wirklich" bringt Verstimmung auf beiden Seiten mit sich. Es wäre viel vernünftiger zu sagen: „Dein Tag ist so vollgepackt, daß du gar nicht zu dem kommst, was dir eigentlich wichtig ist und wofür du die ganze Arbeit machst, nämlich daran zu denken, daß wir uns lieben."

Daß uns das so schwerfällt, liegt vielleicht daran, daß wir als Kinder nicht gelernt haben, daß die Liebe der Eltern begrenzt ist. Pierrakos (1990) geht davon aus, daß Kinder ein unerschöpfliches Liebesbedürfnis haben, das Eltern gar nicht stillen können. Das mag damit zusammenhängen, daß Menschen im Vergleich zu anderen Säugetieren als relativ unreife Wesen zur Welt kommen. Die Eltern wollen sich möglicherweise auch gar nicht eingestehen, daß ihre Liebe begrenzt ist, da es zu den Idealen der Gesellschaft gehört, daß elterliche Liebe altruistisch, tolerant, fürsorglich und unerschöpflich ist. Natürlich müssen Eltern einsehen, daß dieser überhöhte Anspruch nicht einzulösen ist. Aber nach außen, vor den Bekannten und den Kindern, versuchen sie oft, es zu vertuschen. Nur merkt das Kind die Diskrepanz und fordert mehr, als die Eltern geben können. Manchmal wird das Kind auch einfach abgewiesen. Es wird jedenfalls notwendigerweise vielfach frustriert – besonders in seiner frühen Entwicklung. So bleibt ein unerfüllter und unerfüllbarer Wunsch nach Liebe. Das ist eine Fehldisposition, die sich nach Bowlby (1975) auf spätere Bindungen nachteilig auswirkt (s. Kap. III.1).

Irrationale Gedanken
Das Kind denkt, daß es durch Wohlverhalten oder Fleiß die gewünschte Zuneigung vielleicht doch erhalten kann. So entwickeln sich irrationale Perfektionsideen, wie es Ellis (1962) nennt: „Ich bin nur etwas wert, wenn mich alle lieben oder wenn mich wichtige Personen in jeder Hinsicht lieben, und ich werde nur geliebt, wenn ich perfekt bin." Tatsächlich sind die meisten Menschen natürlich weit davon entfernt, perfekt zu sein, und werden auch nur von wenigen geliebt – und selbst von diesen nicht in jeder Hinsicht. Wir gestehen uns nicht ein, daß wir diese Ziele nicht erreichen können, und sind gekränkt, wenn die uns entgegengebrachte Liebe nicht vollkommen ist. Diese Kränkung dulden wir nicht und versuchen, die Liebesbeweise vom anderen zu erzwingen. Als Kind fehlt uns dazu die Macht. Aber in späteren Beziehungen lebt dieses Bedürfnis wieder auf, und jetzt können wir uns mit seelischer oder körperlicher Grausamkeit rächen. Es ist so, als hätten wir nie gelernt, zwischen dem kindlichen Anspruch, geliebt zu werden, und dem Gefühl, den anderen zu lieben, zu unterscheiden.

Nach Ellis und Harper (1961), Epstein und Eidelson (1981) haben unglückliche Paare mit Konflikten häufig irrationale Erwartungen und Ansprüche an die Beziehung, die zum großen Teil diesen kindlich überhöhten Liebesanspruch widerspiegeln. Die verbreitetsten dieser Überzeugungen sind im Kasten zusammengefaßt:

> *Sieben irrationale Ansprüche an die Beziehung*
>
> 1) „Der andere muß mich ganz und gar lieben."
> 2) „Der andere muß meine Fehler akzeptieren."
> 3) „Streit ist furchtbar."
> 4) „Eine Beziehung muß ewig halten."
> 5) „Gegenseitige Unvereinbarkeiten sind unerträglich."
> 6) „Es ist unvorstellbar, daß Partner oder Beziehung sich verbessern."
> 7) „Der Partner muß mir meine Wünsche von den Lippen ablesen."

Stellen Sie sich vor, Ihr Partner ist auf Geschäftsreise oder besucht die Verwandtschaft und vergißt, Sie an Ihrem Geburtstag anzurufen. Wie reagieren Sie:

a) „Er/sie liebt mich nicht wirklich, und das ist ein Unglück!" (Annahme 1)
b) „Das ist das Ende der Beziehung, eine Katastrophe." (Annahme 4)
c) „Er/sie weiß doch, wie wichtig mir der Geburtstag ist. Er/sie nimmt einfach keine Rücksicht auf mich." (Annahme 5)
d) „Ich hab' immer gewußt, daß ihm/ihr das nichts bedeutet – die Beziehung ist sinnlos." (Annahme 6)

Rationale Umstrukturierung
Jedem dieser inneren Selbstkommentare kann man eine der irrationalen Annahmen aus dem Kasten zuordnen (in Klammern), und alle führen zu unangenehmen Gefühlslagen. Treten solche Selbstkommentare auf, so kann man sich jeweils fragen, ob das Gefühl angenehm ist (A), ob der Selbstkommentar mich einem angestrebten Ziel näherbringt (B), ob er angemessen ist und eine realistische Einschätzung der Situation darstellt (C) und ob er die Beziehung verbessert – falls dies gewünscht wird (D). Wenn eine der Fragen A bis D negativ ausfällt, liegt eine irrationale Annahme zugrunde. Wenn der Betroffene anhand dieser Fragen (A-D) von der Irrationalität seines Denkens überzeugt werden konnte, läßt sich die mißliche Situation nach zahlreichen Strategien umstrukturieren, die unterschiedliche Emotionen zur Folge haben, die von Abgrenzung

(Strategien 1-3) über Unabhängigkeit (Strategien 4-6) bis zur Hinwendung (Strategien 7-10) variieren.

Eine mehr provokative therapeutische Bearbeitung besteht darin, das Problem als kluge Lebenslösung zu preisen oder das Unglück des Betroffenen zur Katastrophe zu stilisieren. In beiden Fällen dient die Überzeichnung dazu, den Widerspruch des Klienten zu provozieren, so daß er u. U. mit einer eigenen Sinndeutung aufwartet. Dies wäre ein Ziel der Logotherapie, die 1939 von V. E. Frankl begründet wurde und als Umdeutungsstrategie die sogenannte paradoxe Intervention beinhaltet. Mit ihrer Hilfe soll die Sinnfindung des Klienten erleichtert werden. So beschreibt Frankl (1975) einen depressiven Klienten, dessen Frau zwei Jahre zuvor gestorben war und deren Verlust er nicht überwinden konnte. Auf die Frage, was denn gewesen wäre, wenn er zuerst gestorben wäre, antwortet der Klient: „Das wäre schrecklich – wie würde sie gelitten haben!" Darauf entgegnet Frankl: „Sehen Sie, dieses Leiden haben Sie ihr erspart. Aber jetzt müssen Sie dafür zahlen, indem Sie weiterleben und Ihre Frau betrauern." Damit gewann das Leiden für den überlebenden Ehemann wieder einen Sinn.

Zehn Umstrukturierungen

1. Abgrenzung:
   „Der Kerl ist ein Flegel, ich such' mir einen anderen." (Wut)
2. Ablenkung:
   „Heute mach' ich mir einen schönen Abend mit Franz." (Schadenfreude)
3. Distanzierung:
   „Wenn ich in zwanzig Jahren über den vergessenen Anruf nachdenke, wird es mir ganz unwichtig erscheinen." (Gelassenheit)
4. Toleranzerhöhung:
   „Ein vergessener Geburtstagsanruf, das gehört zu einer normalen Beziehung. Gäb's nicht mal einen kleinen Schönheitsfehler, das wäre eher verdächtig." (Zuversicht)
5. Herausforderung:
   „Das ist schon mal vorgekommen. Mein Ärger macht ihn dann immer unsicher. Diesmal leg' ich ihm eine tote Maus ins Bett." (Heiterkeit)

6. Selbstaufwertung:
"In bezug auf Geburtstage ist er ein Schlamper. Aber es gibt hundert andere Dinge, an denen ich merke, daß er mich liebt." (Tröstlichkeit)
7. Positive Umdeutung:
"Vielleicht wollte er mich nicht daran erinnern, daß ich ein Jahr älter geworden bin." (Zuwendung)
8. Eigener Anteil:
"Er weiß, ich bin immer total gekränkt, wenn ihm so was passiert, und das provoziert ihn geradezu." (Verständnis)
9. Perspektive des anderen:
"Er findet meinen Wunsch, angerufen zu werden, übertrieben. Vielleicht reden wir mal darüber, ob wir die Anruferei abschaffen." (Mitgefühl)
10. Helferposition:
"Er braucht einen kleinen Hinweis. Das nächste Mal leg' ich ihm vorher einen Zettel hin, wann er mich erreichen kann." (Hoffnung)

6. Gefühle: Spontaneität und Rollenzwang

Kontakt und Lebensqualität
Im Alltag leben wir oft wie funktionierende Maschinen, um den verschiedenen Rollenerwartungen nachzukommen, die ein angepaßtes Leben nach den Vorgaben der Gesellschaft erfordert: ein loyaler Untergebener, ein fairer und effizienter Vorgesetzter, ein guter Unterhalter bei geselligen Anlässen, ein gesundheitsbewußter Mitmensch, verantwortungsvoller Vater, guter Gatte usw. Wer alle diese Rollen erfüllt, müßte eigentlich glücklich sein. Aber jedes noch so attraktive Programm wird zur elenden Pflicht, wenn dabei die gefühlsmäßige Beteiligung fehlt.

Das, was Lebensqualität ausmacht, sind für viele Menschen nicht die Momente verstandesmäßiger Klarheit, sondern solche der emotionalen Ergriffenheit. Der Anblick der Natur, das Engagement für eine Arbeit, die Momente der freundschaftlichen Verbundenheit, die intensive Beziehung zu einem Tier, die Fürsorge für das eigene Kind, die Liebe zum Partner, aber auch Leiden, überraschende Katastrophen, die Angst vor dem Tod oder eine kämpferische Auseinandersetzung oder ein unverhofftes Glück. Das Gegenteil von Ergriffenheit ist Langeweile, die wir vor allem befürchten, wenn wir gerade nicht von einem unerwarteten Ereignis absorbiert werden oder in ein Rollenspiel eingespannt sind. Daher gehen wir ins Kino, oder ins Fußballstadion oder vertiefen uns in einen Roman. Bei all diesen Tätigkeiten lassen wir uns emotional mitreißen, aber die Wirkung ist nur von kurzer Dauer. Wenn wir das Kino oder die Sportveranstaltung verlassen und das Buch zuschlagen, wirkt das Geschehen noch eine Weile nach, aber dann verläßt es uns, so wie ein Traum am Morgen verfliegt. Es war nicht wirklich unser Leben.

Das, was einen emotional erfüllten Moment ausmacht, ist der fühlbare Kontakt zum Gegenstand, zur Natur, zum Menschen. Es ist der Moment, in dem die Schicht, die uns nach außen abgrenzt, durchlässig wird und wir spontan etwas geben und entgegennehmen. Dann spüren wir auch unsere Bedürfnisse und Emotionen. In Pirsigs Buch „Zen oder die Kunst, ein Motorrad zu warten" (Pirsig, 1992) finden Vater und Sohn Kontakt zueinander, nachdem es beinahe zu einem Unfall gekommen ist, obwohl sie schon wochenlang zusammen unterwegs sind und über alles mögliche geredet haben.

Liebe ist das stärkste Gefühl, das wir kennen. Wenn es aus der Beziehung schwindet, suchen Menschen verschiedene Wege, um die Verpflichtung der Beziehung erträglich zu machen. Sie konstruieren ein Familienprogramm mit umfangreichen Aktivitäten, sie vergraben sich in eine wichtige berufliche Tätigkeit, sie suchen Außenbeziehungen, werden depressiv oder gekränkt und leiden am Verlust der Liebe. Aber ist es nicht ein vertanes Leben, eine lieblose Beziehung zu leben? Welch ein Vorbild für die Kinder, Eltern zu haben, die lieblos miteinander umgehen!

Viele Paare trauern dem nach, was die Beziehung einmal war: „Früher hast du mich von unterwegs angerufen", „Weißt du noch, daß du es kaum erwarten konntest, daß ich heimkam?" usw. Sie übersehen dabei das Prinzip, daß Beziehungen nur lebendig bleiben, wenn sie sich weiterentwickeln dürfen, daß es keine Rückkehr in die Flitterwochen gibt. Aber woher kommt die Hoffnung, daß noch etwas Entdeckenswertes in der Beziehung wartet? Sexualität läßt viele Variationen zu, die die Beziehung attraktiv erhalten können. Puritanische Einstellungen hindern Menschen oft daran, Sexualität zu genießen; aber sexuelle Lust ohne Intimität wird zur lieblosen Mechanik. Um die Beziehung am Leben zu erhalten, muß man zunächst eine gewisse Gelassenheit entwickeln und das akzeptieren, was ist. Dann wird man die Veränderungen wahrnehmen. Leben ist etwas, das sich ständig verändert, wie fließendes Wasser, das keine Minute gleich bleibt, wie es schon aus der Naturphilosophie der Griechen bekannt war: panta rhei (alles fließt).

Der unersättliche Wunsch, geliebt zu werden
Neben der Furcht vor Veränderung gibt es noch eine zweite Furcht, die einen daran hindert, das zu akzeptieren, was ist. Bioenergetiker wie Reich (1933), Lowen (1979) und Pierrakos (1990) haben versucht zu zeigen, daß wir hinter einer Maske leben, einem Charakterpanzer, der uns vor den eigenen Emotionen schützt, unangreifbar macht und gemäß den Zielen der Gesellschaft angepaßt erscheinen läßt. Er besteht aus allen möglichen Perfektionismen und Tugenden, die wir uns abringen: Fleiß, Verläßlichkeit, Loyalität, Geduld, Gutmütigkeit, Mitleid. Warum sind sie unecht? Weil wir sie aufrechterhalten, um die Schattenseiten der Persönlichkeit zu verbergen. Hinter der wohlgefälligen Maske verbirgt sich die Gier, die Kränkung, der Neid, die unmäßige Wut, die abgründige Trauer. Es sind die Folgen der unzähligen Wunden aus der Kindheit und aus dem späteren Leben, die in solchen Gefühlen kristallisiert haben.

Dieser „inferiore" Anteil an uns, den wir niemandem zumuten wollen und am liebsten selbst nicht sehen wollen, verbirgt sich hinter jener Maske. Freud hat diesen Teil der Seele für den nicht gesellschaftsfähigen Primärprozeß gehalten, der sorgsam durch Abwehrmaßnahmen transformiert werden muß, damit die Kultur überlebt. Es gibt nach Anschauung der Psychoanalyse mehrere Möglichkeiten, diesen destruktiven Teil zu bändigen: primitive Abwehrformen wie Verdrängung und somatische Konversion (Magengeschwüre statt Ärgerausdruck) und höhere Abwehrformen wie Sublimation und Humor, mit denen wir die Durchbrüche der Schattenseiten kaschieren. Aber alle Abwehr verhindert nur, daß wir uns mit unseren wahren Bedürfnissen in Kontakt befinden – was in manchen Fällen durchaus sinnvoll sein kann.

Reich hat nun behauptet, daß hinter dem inferioren Selbst die eigentliche Person versteckt ist, nämlich das „superiore Selbst", das einem humanistischen Ideal nahekommt. Es ist gut, ohne gutmütig zu sein, es ist aggressiv, ohne sadistisch zu sein, es ist altruistisch, ohne barmherzig zu sein, mitfühlend, ohne mitleidig zu sein, stolz, ohne arrogant, lustvoll, ohne gierig zu sein usw. Mit einem Wort: Das superiore Selbst ist in seinen Emotionen ausgeglichen, und diese werden nicht-manipulativ eingesetzt. Viele würden abstreiten, daß es diesen guten Kern im Menschen gibt. Allen voran die Freudianer; selbst Abraham Maslow, einer der Begründer der humanistischen Psychologie, hatte kurz vor seinem Tode Zweifel daran, ob man diesem Kern in der Menschheit zum Durchbruch verhelfen könne. Aber jeder hat diesen Teil schon an sich erlebt – wenn er geliebt hat. Dann sind Altruismus und Egoismus kein Widerspruch, dann ist Geben allein schon befriedigend, und man erhält darüber hinaus auch noch etwas zurück.

Die meisten Menschen können in der anonymen Umwelt ohne Abwehr nicht lange überleben, weil ihnen die nötige Unabhängigkeit vom Urteil der anderen dazu fehlt. Die wenigsten würden reagieren wie Diogenes, der, von Alexander dem Großen befragt, was er für ihn tun könne, antwortete: „Geh mir aus der Sonne." Aber in der Liebe können wir die Maske zum Teil fallen lassen und die Schattenseiten sichtbar machen. Denn der Partner liebt einen nicht wegen der adretten Maske. Sein Unbewußtes hat die dahinterliegende, superiore Seite erkannt und sieht den unverbogenen Kern.

Viele Paare trauen sich nicht, den inferioren Teil, der sehr verletzlich ist, sich gegenseitig zu zeigen. Denn dann versucht der betreffende Partner in den zerstörerischen Auseinandersetzungen des gegenseitigen Verletzens oder den phobischen, depressiven oder eifersüchtigen Phasen womöglich, sich von der Verantwortung freizusprechen und die Ursache beim anderen zu suchen („Ich bin so eifersüchtig, weil du so untreu bist", „Du machst mich traurig", „Ich hab' Angst, du mußt mir helfen, sonst bist du ein schlechter Partner" usw.).

Der Weg zum superioren oder eigentlichen Selbst liegt darin, die Schattenseiten zu akzeptieren („Fürchte nicht das Schlechte – es ist in dir"). Die Maske verbirgt beides: die Schattenseite und das Herz einer Person. Und sie verhindert den Kontakt, der die Ergriffenheit ausmacht, und damit die eigentliche Lebensqualität. In der Paartherapie kann der Therapeut dabei helfen, die abgewehrten Seiten der Partner sichtbar werden zu lassen, indem er zunächst die Verantwortung für ihr Erscheinen übernimmt. Er beobachtet den nonverbalen Ausdruck in der Interaktion des Paares und kann so emotionale Seiten aufgreifen, die meistens im Dialog übersehen werden. Dadurch erhalten die üblicherweise in statu nascendi abgewürgten Gefühle Gelegenheit, sich eher zu äußern und so eine Reaktion des Partners darauf zu ermöglichen. Hierdurch werden Ängste und Schwächen sichtbar, und der andere kann seinen Partner mit Reaktionen überraschen, auf die der nicht hoffen mag: Er möchte vielleicht die Ängste des anderen verstehen und kann dessen Schwächen sogar teilweise akzeptieren. Das setzt voraus, daß der Therapeut in der Lage ist, in dem Moment, in dem die bisher verborgenen Emotionen auftauchen, eine Manipulation durch den anderen zu verhindern. Es muß deutlich werden, daß wenn wir überhaupt ohne oder mit verminderter Abwehr leben können, dann unter den Augen dessen, der uns liebt.

Um derartige emotionale Ressourcen zu mobilisieren, eignen sich Techniken aus der Gestalt- und aus der Körpertherapie. Dazu gehört es, nonverbale Signale des Ausdrucksverhaltens aufzugreifen und deren Bedeutung ins Bewußtsein zu heben. Durch Wiederholung von Gesten oder deren Übertreibung kann dies erleichtert werden. Auch anhand von Satzangeboten oder Umkehrungen, die der Klient probeweise wiederholen kann, läßt sich überprüfen, ob diese ein unerkanntes Bedürfnis pointieren. Im wesentlichen kommt es darauf an, hinter dem Inhalt des Dialogs den Prozeß, die Wahrnehmungen, das Denken und Fühlen, die Wünsche und Hemmungen zu sehen. Daher führen inhaltliche Warum-Fragen nicht weiter und sollten durch Wie- und Was-Fragen ersetzt werden: „Was sehen, hören Sie? Was denken Sie? Was fühlen Sie? Was möchten Sie? Was hindert Sie?" Hinzu kommt die Möglichkeit, bestimmte Sätze zu wiederholen oder das Ausdrucksverhalten zu verstärken, um den emotionalen Anteil ins Bewußtsein zu heben. Als Beispiel hierfür könnte der folgende Trialog zwischen Partnern und Therapeut (Th) gelten:

Die Ehefrau befindet sich in einer Auseinandersetzung mit ihrem Mann.
Sie: „Nie hilfst du mir."
    Dabei hält sie den Kopf leicht nach rechts geneigt.
Th: (drückt ihren Kopf noch etwas weiter nach unten): „Was empfinden Sie dabei?"

Sie: „Hilflosigkeit."
Sie zum Mann: „Du unterstützt mich nicht."
Er: „Tu ich doch."
Sie verändert ihre Haltung: gerade nach vorn geneigt, Stirn in Falten.
Sie: „Ich merk' nichts davon. Du hast nicht hinter mir gestanden, als dein Bruder mich neulich angegriffen hat."
Er: „Das redest du dir ein."
Sie wird traurig: „Ich vermisse deine Unterstützung."
Th: „Kennen Sie dieses Gefühl von früher?"
Sie nickt.
Th: „Wiederholen Sie denselben Satz zu der Elternperson."
Sie (7 Jahre alt) wiederholt die Bitte an die Mutter. „Ich brauch' deine Unterstützung."
Sie nimmt die Position der Mutter ein: „Ich helf' dir doch."
Sie wechselt zum Kind: „Du schützt mich nicht."
Die Ehefrau stellt dar, wie ihre Mutter hysterisch, hilflos reagiert.
Als Kind wiederholt sie: „Ich brauch' dich."
Als Mutter: „Ich kann nicht."
Als Kind (fühlt sich versteinert): „Ich verzichte auf dich." (wird trauriger)
Th: „Kehren Sie den Satz um."
Als Kind: „Laß mich nicht im Stich."
Th.: „Sagen Sie das nochmal."
Sie: „Ich will nicht, daß du mich im Stich läßt."
(blickt bestimmt geradeaus)
Er: „Ich will für dich da sein."

Am Ende des Dialogs hat die Ehefrau ihre Traurigkeit überwunden. Ihre Stimme hat einen festeren Ton angenommen. Zugleich ist ihr klargeworden, daß sie von ihrem Mann nicht in vollem Umfang erwarten kann, was ihr als Kind versagt blieb. Sie hat sich in dem Gespräch von der Vorwurfshaltung (Maske) zur inferioren Schicht der Kränkung und Verlassenheit als Resultat von Verletzungen in der Kindheit und schließlich zu dem Bedürfnis nach Schutz vorgearbeitet. Der Mann fühlt sich nicht mehr überfordert, versteht mehr von der Geschichte seiner Frau und kann sich zur Verfügung stellen – ohne sich in die Pflicht genommen zu fühlen.

7. Unbewußtes: Traum und Trance

Hypnose
Hypnotische Trance ist ein Zustand innerer Fokussierung und erhöhter Empfänglichkeit. Dabei wird die Vorstellung und die Erinnerung lebendiger als im Alltagsbewußtsein. Die Umstellung von verbalen auf Vorstellungsprozesse regt außerdem die Kreativität an. Eine kurze Tranceinduktion erleichtert daher Übungen wie das Suchen einer bildhaften Repräsentation der Beziehungssituation oder eine Zeitreise in die Zukunft (Progression), z. B. nach einer vorgestellten Trennung (Kasten auf S. 106 f.). Damit die Fokussierung nach innen gelingt, ist es angebracht, daß sich die Partner während der Trance den Rücken zudrehen. So fällt es ihnen leichter, die Außenkontrolle einzuschränken, da sie sich nicht vom anderen beobachtet fühlen. Von der Vielzahl der Möglichkeiten können fünf Basistechniken der Hypnotherapie (vgl. Revenstorf, 1993, 1996) auf die Paarsituation angewendet werden: Suche (1), Distanzierung (2), Unterstützung (3), Transformation (4) und Entscheidung (5). Diese Interventionen stellen sehr unterschiedliche Ansatzpunkte dar. Die ersten drei Techniken sind explizite Vorgehensweisen: Die erste Technik ist eine aufdeckende Suche nach prägenden Erfahrungen, die nächsten drei (2, 3 und 4) sind Wege zur Problembewältigung, während die letzte (5) der Auflösung von Ambivalenz dient.

1) *Rekapitulation:* Als aufdeckendes Verfahren kann ein Zurückgehen in die Kindheit helfen (Regression), die komplementären Bedürfnisse der Partner zu klären (s. Fall 2, S. 45), die aus der Situation der Primärfamilie stammen (s. Kap. III.2). Als Anleitung dazu könnte folgende Geschichte dienen, die langsam, mit Pausen zu sprechen ist:

> „Stellen Sie sich vor, Ihre Eltern lebten noch in dem Haus, in dem Sie mit ihnen aufgewachsen sind. Nehmen Sie das Haus in dem Sie mit 6 bis 8 oder 8 bis 12 Jahren gelebt haben. Jetzt haben Ihnen die Eltern aufgetragen, während ihres Urlaubs im Haus nach dem Rechten zu sehen und die Blumen zu gießen. Sie kommen in die Straße, in der Sie gelebt haben, und sehen das Haus Ihrer Kindheit vor sich. Sie nähern sich und sehen die Tür. Vielleicht gibt es ein Treppenhaus oder einen Fahrstuhl. Jetzt stehen Sie vor der Wohnungstür und können das Namensschild und die Klingel sehen. Sie drehen den Schlüssel im Schloß und fühlen, wie Sie mit dem Türgriff in Ihrer Hand die Tür öffnen.

Zuerst betreten Sie vielleicht den Vorraum mit der Garderobe, und Sie können die Mäntel Ihres Vaters und Ihrer Mutter sehen und nehmen den Geruch der Mäntel wahr. Dann kommen Sie in die Küche und sehen vielleicht die Fliesen des Bodens und die Kücheneinrichtung. Unter Umständen tropft der Wasserhahn. Erinnern Sie sich, wie Ihre Mutter Sie als Kind zum Essen gerufen hat? Hatten Sie einen Spitznamen? Was war Ihre Leibspeise? Erinnern Sie den Geruch des Essens oder der Küchenschürze? Als nächstes gehen Sie ins Wohnzimmer, wo Sie die Sitzgelegenheiten finden, in denen Ihr Vater und Ihre Mutter normalerweise saßen, beim Fernsehen oder Zeitunglesen. Sie sehen die Bücherregale oder eine Glasvitrine und den Blick aus dem Fenster, die Gardinen. Vielleicht erinnern Sie Gespräche, die Ihre Eltern geführt haben. Wenn Sie dann ins Schlafzimmer der Eltern kommen, können Sie den vertrauten Geruch wahrnehmen, Sie fassen die Bettdecken an, unter die Sie vielleicht manchmal in der Nacht oder am Morgen geschlüpft sind. Sie öffnen den Kleiderschrank und sehen die Kleider Ihrer Mutter und Ihres Vaters. Sie können sie betasten und daran riechen. Dann kommen Sie in das Zimmer, in dem Sie geschlafen und gespielt haben. All die Spielsachen sind noch da. Da ist auch das Lieblingsbuch mit der Lieblingsgeschichte. (Ab hier kann der Therapeut die Klienten mit „du" ansprechen und im Präsens reden, um die Regression in die kindliche Situation zu erleichtern). Plötzlich entdeckst du etwas, was du lange vergessen hattest – einen Brief, den du geheimgehalten hast, oder ein Buch, das du unter der Bettdecke mit der Taschenlampe gelesen hast. Erinnerst du dich daran, daß dir jemand eine Gute-Nacht-Geschichte vorgelesen oder die Bettdecke glattgestrichen hat? Wer hat dich getröstet, wenn du schlechte Schulnoten hattest? Gibt es jemanden, der stolz ist, wenn du eine Eins geschrieben hast? Wirst du gelobt, oder ist es selbstverständlich? Erinnerst du dich, hingefallen zu sein, und das Knie ist aufgeschlagen oder der Ellenbogen? Es blutet, und du fühlst den Schrecken. Zu wem kannst du gehen, darfst du weinen, oder mußt du tapfer sein? Oder du hast als Kind etwas ausgefressen. Mußt du es geheimhalten, wirst du geschlagen, kannst du mit jemandem über deine Scham reden? Bist du mal beim Spielen ausgelassen worden, niemand wollte mit dir spielen – was machst du mit deiner Wut, deiner Kränkung, deinem Neid? Aber vielleicht bist du längst bei einem für dich wichtigeren Ereignis deiner Kindheit hängengeblieben. Nimm dir soviel Zeit, wie du benötigst, um in diesen Raum und diesen Stuhl zurückzukehren und erzählen Sie dann, wohin Ihre Gedanken gewandert sind. Überprüfen Sie, was Sie von den Erfahrungen aus der Kindheit in Ihren heutigen Beziehungen wiederfinden."

Üblicherweise tauchen bei beiden Partnern prägende Situationen aus der Kindheit und Jugend auf. Etwa erinnerte sich die Ehefrau in Fall 2 an die Überbehütung durch ihre alleinerziehende Mutter, konnte einen Zusammenhang mit der Wahl eines beschützenden Ehemannes sehen, der ihre agoraphobische Haltung unterstützte. Bei Fall 3 (S. 46) konnte der Ehemann seine introvertiert systematische Art mit seiner relativ isolierten Kindheitssituation und die

Ehefrau ihre Trotzhaltung mit ihrer Stellung als älteste Schwester und Anwältin ihrer Brüder vor den Eltern in Verbindung bringen. Der harmoniebedürftige Ehemann von Fall 4 (S. 51) konnte die Tatsache, daß er keinen Vater hatte und seine Mutter ihn bis zum vierten Jahr in ein Heim gegeben hatte, mit seiner Sehnsucht nach einer liebevollen Frau in Zusammenhang bringen, die ihn auf keinen Fall zurückweist. Die Analyse der übrigen Fälle ließe sich anschließen; aber die Beispiele mögen genügen.

2) *Dissoziative Distanzierung:* Wenn die Erinnerung an verletzende Streitsituationen die Beziehung beeinträchtigt, kann man Dissoziationstechniken der Hypnotherapie anwenden, um die Erinnerung distanziert zu betrachten. Dabei werden verschiedene Qualitäten der sinnlichen Erfahrung in der Vorstellung so verändert, daß sie erträglich und ihre Betrachtung zugelassen wird. Eine Anleitung dazu wäre (beide Partner sitzen Rücken an Rücken):

a) „Stellen Sie sich vor, Sie würden die Streitszene im Kino als Film sehen. Sie sitzen bequem im Kinosessel und sehen auf der Leinwand sich und Ihren Partner streiten. Sie sehen die Szene mehrfach von vorn bis hinten, zuerst ohne Ton, dann schwarz-weiß, dann lassen Sie den Film langsam und schließlich rückwärts laufen (dabei wird die Sprache ebenfalls rückwärts abgespielt)."

b) „Sie nehmen noch eine weitere Distanzierung vor. Stellen Sie sich vor, Sie würden am Rande des Kinos stehen, ohne den Film sehen zu können. Sie können aber von dort aus betrachten, wie Sie im Kinosessel sitzen. Diese Person im Kinosessel, die den Film sieht, sind Sie selbst in 10 Jahren. Jetzt können Sie, die am Rande stehende Person, von der im Sessel befindlichen Person erfahren, wie jene ältere und reifere Person (Sie selbst in 10 Jahren) die Szene im Film kommentiert. Sie kann Ihnen sagen, was wichtig und was unwichtig ist, wie Sie im Film sich anders verhalten könnten, was lächerlich ist usw."

c) „Abschließend kehren Sie in den Kinosessel zurück und sehen den Film noch einmal; dann halten Sie ihn am Anfang an und kehren als Akteur in die Filmszene zurück, und erleben Sie ihn in veränderter Weise, indem Sie sich entsprechend der Kommentare aus dem vorangehenden Abschnitt (b) anders verhalten und anders bewerten. Dann setzen Sie sich noch einmal in den Kinosessel, lassen den Film bis zum Höhepunkt vorlaufen, halten diesen Moment als Standbild fest und lassen die Farben verblassen oder das Bild kleiner werden, bis es verschwindet. Dann verlassen Sie das Kino und kehren in diesen Raum zurück."

3) *Assoziative Unterstützung:* Wenn es beiden Partnern um eine Veränderung des Verhaltens oder der Bewertung geht, kann man

sie bitten, eine Situation zu erinnern, in der sie eine innere Resonanz füreinander, eine tiefe Übereinstimmung erlebt haben (Miller-Fishman und Asher, 1997). Danach sollen beide eine Haltung einnehmen (im Stehen oder Sitzen), die sie an die Befindlichkeit während dieser Erfahrung erinnert, und sich dazu in passender Weise selbst (nicht gegenseitig) berühren (am Arm, an der Hand o. ä.). Dann sollen beide darüber reden, wie sie sich in Zukunft in der als problematisch erlebten Situation verhalten möchten. Danach folgt eine Anleitung, diese Beziehungsressource in der Situation abrufbar zu machen, in der die Partner ihr Verhalten ändern möchten:

> „Gehen Sie in der Vorstellung in die problematische Situation zurück, und nehmen Sie sie in ihren einzelnen Aspekten wahr: Was sehen Sie (den Raum, das Gegenüber, den Gesichtsausdruck), was hören Sie (die Stimme des anderen, die eigene Stimme), was fühlen Sie (Anspannung in Ihrer Körperhaltung, in Ihrer Mimik, Ärger, Angst, Kränkung)? Schalten Sie dieses Bild ab wie ein Fernsehprogramm, gehen Sie zurück in die Erinnerung an den Moment der Resonanz (Ihre Beziehungsressource) und berühren Sie sich gleichzeitig an der vereinbarten Stelle. Wenn Sie diese Situation in ihren einzelnen Aspekten (sehen, hören, fühlen) deutlich spüren, schalten Sie zugleich das Fernsehprogramm von der Problemsituation ein und prüfen Sie, wieviel Sie von der Befindlichkeit der Resonanz mit in die Problemsituation hinübernehmen können. Wiederholen Sie diesen Vorgang drei- bis viermal, und finden Sie heraus, ob Ihnen diese Ressource bei der Durchführung des neuen Verhaltens in der Problemsituation hilft."

4) *Transformation:* Ein hypnotischer Prozeß, der die Bewertung einer mißlichen Situation zu verändern hilft, wird „reframing" genannt (Bandler und Grinder, 1980). Er entspricht einer Umstrukturierung (s. Kap. VI.5) auf imaginativer Ebene. Dazu wird der Klient angeleitet, ein Bild für seine Beziehungssituation zu finden und zu beschreiben, welche Vorteile dieses Bild zum Ausdruck bringt. Drei Fragen können helfen, den „Krankheitsgewinn" des Problemverhaltens zu beschreiben: Was wird dadurch Positives erreicht, Negatives vermieden, und inwiefern werden dadurch andere manipuliert? Dann ist die Frage, wie kann dasselbe auf andere Weise erreicht werden?

Fall 12: Eine Frau, die in einer Beziehung mit ungleicher Machtverteilung lebte, wollte mehr Egalität. Ihr Mann war ein angesehener Zahnarzt, 30 Jahre älter und lebte mit ihr und ihren zwei Kindern zusammen, obwohl er sich von seiner ersten Frau nicht hatte schei-

den lassen, mit der er drei Kinder hatte. Der Mann tendierte dazu, den Ablauf im Haushalt und die Erziehung zu bestimmen, und die Frau fand wenig Berücksichtigung ihrer eigenen Vorstellungen. Die Erziehungsstile waren wie die Lebensanschauungen komplementär: er autoritär, sie permissiv. Das Bild, das die Frau für ihr Verhalten in der Beziehung fand, war das einer sich aufrollenden Uhrfeder, die sich klein macht. Zunächst empfand sie das Bild als negativ, nämlich als Ausdruck von Unterdrückung. Dann fand sie heraus, daß sie durch das kleinere Format besser geschützt ist und Energie konserviert; sie kann sich abrollen, wenn der Widerstand geringer wird. Kurz darauf schrieb sie in einem Brief, wie sich die Beziehung durch die Paartherapie geändert habe, und in bezug auf die genannte Übung erklärte sie: „Seitdem ich ihn lasse, läßt er mich" und beschrieb, daß sie seinen Erziehungsvorschlägen nicht mehr direkt entgegenträte und er spätere Ergänzungen aus ihrer Sicht widerspruchslos hinnehmen könne.

5) *Unbewußte Entscheidung:* Wenn eine bewußte Vorstellung von einer Lösung des Problems oder des veränderten Verhaltens nicht besteht, kann man das Unbewußte, d.h. das stille Wissen der Betroffenen, heranziehen, um die Lösung zu erleichtern. Dabei werden ideomotorische Phänomene genutzt, d.h. unwillkürliche Bewegungen, die unbewußte Zustimmung oder Ablehnung signalisieren (Rossi und Cheek, 1988).

Fall 13: Ein 35jähriger Ingenieur mit einem Tumor und seine etwas jüngere Freundin wollten heiraten, obwohl der Mann schwer krank war. Der Mann war unsicher, ob er die Bindung eingehen sollte. Er zweifelte: „Kann ich das meiner Partnerin zumuten? Finde ich vielleicht noch eine andere? Werden wir intellektuell und nicht nur emotional zueinander passen?" usw. Er wurde aufgefordert, sein Unbewußtes in folgender Weise zu Rate zu ziehen:

> „Kinder haben einen angeborenen Reflex, die Hände aufeinander zu zu bewegen, wenn sie etwas wollen. Sie umschließen mit beiden Händen den Hals oder die Brust der Mutter oder auch ihren Teddybär. Wenn sie dagegen etwas nicht wollen, dann sperren sie die Hände auseinander und lassen los. Sie können dieses Verhaltensmuster reaktivieren, um Ihre unbewußte Zustimmung oder Ablehnung zu überprüfen. Halten Sie die Hände so vor sich, als würden Sie einen Wasserball halten. Schauen Sie zwischen den Händen hindurch einen Punkt auf dem Teppich oder an der Wand an. Sie können auch die Lider

schließen. Immer wenn Sie tief drinnen dem zustimmen, was Sie gerade bewußt denken, werden Ihre Hände unbewußt weiter aufeinander zugehen. Das merken Sie zunächst daran, daß Ihre Fingerspitzen kribbeln und eine Spannung im Handteller spürbar wird. Wenn Sie dem nicht zustimmen, werden sie stehenbleiben oder auseinanderstreben. Das geschieht beides unabhängig von dem, was Sie bewußt wollen. Sie können sich nun nacheinander folgendes fragen: 1) „Bin ich unbewußt bereit, dieses Thema jetzt zu bearbeiten? 2) Bin ich bereit, es mit dieser Methode zu bearbeiten? 3) Sollen wir heiraten?" Falls sich Ihre Hände am Ende berühren, wissen Sie, daß Sie innerlich dieser Frage zustimmen."

Die Hände des Mannes bewegten sich bei jeder Frage langsam weiter aufeinander zu. Dabei schloß er die Augen und ging offensichtlich in Trance. Nach etwa 10 Minuten berührten sich die Finger beider Hände, und er berichtete von einem Bild, das ihm während der Übung gekommen war: Er sah einen Bischof mit Krummstab, den er als Petrus erkannte. Die anschließende Diskussion ergab, daß dies eine passende Metapher für ihn sei, da Petrus der Zauderer war (Jesus sagte zu ihm auf dem Ölberg: „Dreimal wirst du mich verleugnen"), der zugleich oder gerade deshalb eine feste Basis der Kirche wurde. Dies bestärkte den Entschluß zur Heirat.

In einem anderen Fall suchte eine Frau mit der gleichen Methode nach einer Lösung dafür, wie sie sich im Streit mit ihrem Partner konstruktiver verhalten könne. Die Hände bewegten sich anfangs aufeinander zu, stockten dann aber und verharrten etwa 10 cm voneinander entfernt. Die Frau wurde sich in diesem Moment darüber klar, daß sie sich eigentlich nicht aussöhnen, sondern trennen wollte.

Dieses letzte Verfahren der unbewußten Entscheidungshilfe wurde hier in beiden Fällen ohne den Partner angewendet. Es läßt sich aber auch zugleich mit beiden Partnern (voneinander abgewandt) durchführen, um zu untersuchen, ob sie sich neu dafür entscheiden können, die Beziehung beizubehalten.

Träume
Träume und Trance sind verwandte Bewußtseinszustände (s. Hall 1982). Träume treten jede Nacht sehr ausgiebig auf, auch wenn wir nur wenige erinnern (Borbely, 1987; Zimmer, 1987). Sie unterscheiden sich von der hypnotischen Trance dadurch, daß sie nachts über uns kommen, wenn die Außenwahrnehmung noch weiter

ausgeblendet ist als in der Hypnose. Die rationale Überprüfung der Inhalte ist weiter zurückgedrängt, und die Mechanismen dessen, was Freud den Primärprozeß genannt hat, bestimmen die Bilder und Abläufe des Geschehens im Traum. Der Verhaltensforscher Winson (1986) versuchte zu zeigen, daß Träume, die ja besonders bei Säugern auftreten, eine evolutionär hohe Stufe der Integration von Tagesinformation in die bisherige Lebenserfahrung darstellen. Der Traum ordnet Dinge nach Analogien und benutzt Bilder statt Worte, um Sachverhalte auszudrücken.

Eine Ehefrau, die ein für die Beziehung bedrohliches Außenverhältnis hatte, träumte beispielsweise, daß sie sich in einem Labyrinth befände, aber einen Ariadnefaden vor sich sähe, der zum Ausgang führt. Am Ausgang sah sie eine Frauengestalt, die eine Collage aus zwei mit ihr befreundeten Frauen darstellte. Beide repräsentierten für die Träumerin eine besonders natürliche Form der Weiblichkeit. Beide hatten in der Realität eine Schwester, die sie eher als bieder betrachtete und die im Traum nicht erschienen. Der Traum war in seiner Bedeutung sowohl dem Mann wie auch der Träumerin unmittelbar klar. Nach der von C. G. Jung eingeführten Unterscheidung kann der Traum auf der Objektebene als Rat gedeutet werden, die beiden Freundinnen zu konsultieren. Auf der Subjektebene allerdings würde er eher darauf hindeuten, daß sich die Träumerin auf ihr eigenes natürliches Urteilsvermögen verlassen kann (Jung, 1990; Hall, 1982).

Die Sprache des Traumes ist manchmal konkret und manchmal symbolisch. Wenn im Traum das Auto ein Rad verliert, kann es sein, daß der Träumer am Tag unterschwellig etwas am Aussehen oder der Fahrweise eines Autos registriert hat, das auf ein loses Rad hindeutet, und er sollte es überprüfen. Die symbolischen Bilder des Traumes entstammen der eigenen Erfahrung (wie die Freundinnen in dem genannten Traum) oder sind kulturelle Symbole (wie das Labyrinth) oder sogar allgemeinmenschliche Archetypen wie Feuer, Wasser, Berg, männliche und weibliche Anteile in beiden Geschlechtern, die Schattenseite der Persönlichkeit u.a. (Obrist, 1994). Bilder sind in ihrer Bedeutung im Gegensatz zu Worten unendlich. Man kann sie daher nicht vollständig und eindeutig interpretieren. Die Deutung sollte nur soweit getrieben werden, daß sie dem Träumer eine Einsicht oder eine Ahnung, ein inneres Wissen um den Sinn des Traumes ermöglicht.

Während die Frau im oben genannten Traum eine Darstellung ihres gegenwärtigen Zustandes gibt, träumt der Ehemann, ein Chirurg, in der gleichen Zeit von einer unbewußt gebahnten Entwicklung. Er hatte in den gemeinsamen Gesprächen stets von der moralischen Warte aus die Untreue seiner Frau verurteilt und ultimativ eine Beendigung ihrer Außenbeziehung gefordert. Sein Traum:

Fall 14: „Ich befinde mich in einem Landhaus, etwa im 18. Jahrhundert, und kopuliere auf dem Küchentisch mit zwei OP-Schwestern. Dann höre ich, daß eine Kalesche vorfährt und verlasse das Haus durch die Hintertür und geselle mich unauffällig zum Empfangskomitee. Der Kalesche entsteigt meine Frau." Der Traum hat mehrere Besonderheiten: Der Küchentisch gleicht dem OP-Tisch und deutet auf die berufliche Ebene hin, das Empfangskomitee und die kostbare Kutsche erscheinen wie eine Rettung der Ehrung der Ehefrau, und das verschobene Jahrhundert weist auf eine andere Zeit hin, in der etwas möglich ist, was in der Gegenwart unmöglich scheint. Eine Deutung war nicht tunlich, aber ein Jahr später berichtete der Mann in einem seiner gelegentlichen Telefonate, er hätte anläßlich einer Konferenz einen sehr netten Abend mit einer Kollegin verbracht.

Im Traum stellen sich sowohl unsere Beziehungen wie auch andere Aspekte unseres Erlebens dar. Die Traumbearbeitung ist daher keine paarspezifische Methode. Und doch kann die Einbeziehung von Träumen viel dazu beitragen, die Beziehung zu klären. Die Ehefrau des nachfolgenden Falls hatte zu einem Zeitpunkt, als sie sich mit Trennungsgedanken befaßte, folgenden Traum:

Fall 15: „Ganz oben in einem Hochhaus öffne ich eine Tür nach außen, und es kommt mir eine riesige Flutwelle entgegen. Schnell mach' ich die Tür wieder zu und gehe einige Stockwerke tiefer. Dort finde ich ein Schwimmbad, in dem mein Mann und die beiden Kinder schwimmen. Zu ihnen steige ich ins Wasser und bin erleichtert." Das Wasser, das die Träumerin zu überschwemmen droht, stellt gemäß der Jungschen Archetypenlehre die unbewußten Wünsche dar, denen die Träumerin im Begriff ist nachzugeben. Aber sie drohen sie wegzuschwemmen, als sie sich – vom Kopf gesteuert (oben im Hochhaus) – nach außen wendet. Etwas tiefer im Haus, das den Körper repräsentiert, liegen das Herz und die Eingeweide, also die Gefühle. Auch dort findet sie Wasser, von dem sie sich tragen lassen kann; aber es ist als Becken eingegrenzt, kann sie also nicht fortschwemmen und ihre Familie hat auch darin Platz.

Bei der Bearbeitung von Träumen ist es sinnvoll, zunächst die konkrete Bedeutung des Traumgeschehens für den Alltag und dann die im Traum dargestellten Beziehungsaspekte zu untersuchen (sogenannte Objektstufe). Im vorangehenden Traum geht es z. B. um die Beziehung zu Familie und Kindern. Dann können Symbolgehalte der Bilder hinzugenommen werden (z. B. Haus als Körpersymbol, Wasser als Symbol des Unbewußten). Schließlich lassen sich die Gegenstände und Personen als eigene Anteile des Träumers deuten, die er bisher nicht akzeptieren konnte und die sich erst hervorwagen, wenn der Träumer sie auf die Personen und Objekte des Traumes projiziert. Dies ist bei der Symboldeutung schon der Fall, weil ja Wasser und Haus als Bestandteile des eigenen Körpers und der Psyche interpretiert wurden. Weiter ließe sich untersuchen, ob der Mann und die Kinder ebenfalls projektive Anteile enthalten, d.h., ob der männliche und der kindliche Anteil der Träumerin darin dargestellt worden sein könnte (die sogenannte Subjektstufe). Das war hier weniger plausibel als im Labyrinth-Traum.

Anleitungen zur Traumdeutung finden sich bei unterschiedlichen Therapieschulen (s. Aeppli, 1980; Faraday, 1985), und Träume von Paaren haben besonders Nell (1976) und Hamburger (1995) zusammengetragen. Träume sind in vielfacher Weise aufschlußreich. Sie geben dem Therapeuten Hinweise auf die unbewußten Veränderungstendenzen der Partner, und er kann sein Vorgehen entsprechend einrichten. Im Fall 14 erwies es sich daher als richtig, die Frau darin zu unterstützen, die Erfahrung des Seitensprungs zu integrieren, und den Mann davon zu überzeugen, daß solche Vorkommnisse menschlich seien. Träume können auch dazu genutzt werden, daß die Partner sich gegenseitig mehr Einblick in ihr verborgenes Innenleben geben (so wie Moellers Zwiegespräche).

8. Zusammenfassung

Nähe und Kontrolle

Die wohl allgemeinsten Aspekte von Beziehungsstörungen haben Olson et al. (1979) herausgearbeitet. Danach lassen sich Konflikte auf den beiden Dimensionen der Kohäsion und der Kontrolle lokalisieren. Es gibt einerseits Paare (und Familien), in denen die Partner nebeneinander isoliert leben (geringe Kohäsion), zum anderen solche, wo es keine persönlichen Freiräume mehr gibt und das Maß an Intimität überzogen ist (Verstrickung). Außerdem kann die Kontrolle des Verhaltens innerhalb des Systems sehr rigide sein und unverändert über lange Zeit aufrechterhalten werden, oder es gibt überhaupt keine Regeln bzw. sie werden ständig verändert, so daß das Zusammenleben chaotisch erscheint. Die extremen Kombinationen wie chaotisch-isoliert, chaotisch-verstrickt, rigide-verstrickt und rigide-isoliert sind angeblich besonders anfällig für Beziehungsstörungen (vgl. hierzu auch Reiter und Steiner, 1982). Ist der Konflikt des Paares mehr auf der Ebene Nähe–Isolation angesiedelt, so wird sich die Intervention auf die Regelung der Distanz beziehen; liegt der Konflikt eher auf der Ebene der Kontrolle, so wird es bei der Intervention um die Veränderung der Einflußnahme eines Partners auf den anderen gehen und um die Revision von Regeln innerhalb der Familie.

Die Ziele der Paartherapie werden in den einzelnen Therapieschulen unterschiedlich gesehen. Aber wie gezeigt werden sollte, sind die einzelnen Erscheinungen der Paarbeziehung auf den unterschiedlichen Ebenen nur Spiegelungen desselben Phänomens. Die Entwicklungsrückstände, wie sie Bowlby oder Erikson formulieren, prädestinieren das Individuum zu einer bestimmten Partnerwahl (wie etwa in den von Willi beschriebenen Komplementaritäten). Darin wiederholen sich einerseits bestimmte Konflikte, andererseits tendieren die Partner zur Stagnation in einer bestimmten Phase der Beziehungsentwicklung (vgl. Bader und Pearson: Abb. 5 in Kap. II.4). Sager (1976) spricht deshalb von einem impliziten Kontrakt, den die Partner am Beginn einer Beziehung eingehen und der aus vielerlei Gründen revisionsbedürftig werden kann. Menschen streben bewußt oder unbewußt – mitbedingt durch ihre kindliche Entwicklung – einen von fünf Beziehungsstilen an (s. Kasten). Alle Kombinationen kommen vor, auch wenn die homogenen Typen (d.h. romantisch-romantisch, egalitär-egalitär usw.) am ehesten konfliktfrei verlaufen.

Beziehungskontrakte

Nach Sager ist Paartherapie die Verhandlung eines neuen Beziehungskontrakts, wenn der alte, der meist implizit geblieben ist, veraltet ist und die Entwicklung der Beziehung behindert. Dazu muß der implizite Kontrakt mit seinen zum Teil irrationalen Erwartungen (s. Kap. VI.6) zunächst bewußtgemacht werden. Diese stille Übereinkunft z.B. einer romantischen Beziehung wirkt sich auf allen Ebenen aus: Sie steuert die Sexualität (Treue), die sozialen Verhaltensweisen (geschlechtsspezifische Rollen), die Gedanken („Glück muß ewig währen"), einen pseudo-internen, stabilen Attributionsstil („Wir genügen uns") und die Gefühle (Leidenschaft). Man kann daher den Vertrag auf jeder der Ebenen dadurch ändern, daß man dort neue Grundannahmen und Freiheitsgrade schafft.

Beziehungskontrakte nach Sager

1) Romantisch (leidenschaftlich, verpflichtet):
Nähe, Ausschließlichkeit, geschlechtsspezifisches Rollenverständnis etc.: Eros, Mania.
2) Eltern–Kind (leidenschaftlich, verpflichtet):
entsprechen den progressiv-regressiven Kombinationen von Willi: Eros, Mania, Agape.
3) Egalitär (verpflichtet, intim):
Beziehung mit gleichen Rechten und Freiheiten für beide Partner: Storge, Agape
4) Kumpelhaft (verpflichtet, intim):
Vertrauen, Verläßlichkeit: Storge
5) Pragmatisch (verpflichtet):
Bindung aus Gründen der Vernunft, Ökonomie und Bequemlichkeit: Pragma.

Sagers Beziehungsstile lassen sich den Liebesstilen von Lee (Eros, Mania, Storge, Agape, Pragma) und bestimmten Kombinationen der Sternbergschen Liebesaspekte, nämlich Leidenschaft, Verpflichtung und Intimität, zuordnen (vgl. Abb. 6 in Kap. IV.4 mit

Kasten auf S. 135). Auch kann man davon ausgehen, daß Bindungsmuster, die nach Bowlby, Ainsworth, Willi und anderen durch die kindliche Entwicklung geprägt sind (vgl. Kap. III.1), eine Disposition für eine bestimmte Form des Beziehungskontraktes schaffen. Man könnte weiter vermuten, daß der romantische und der Eltern-Kind-Typ einer Beziehung dazu tendieren, der symbiotischen Phase in der Beziehungsentwicklung verhaftet zu bleiben, und der egalitäre, der freundschaftliche und der pragmatische Typ relativ früh eine Differenzierung anstreben.

Phasenspezifische Interventionen
Für die einzelnen Stufen der Beziehungsentwicklung (Abb. 5) sind unterschiedliche Interventionen angezeigt (s. Kasten, vgl. auch Revenstorf, 1992). Bei harmonisch verstrickten Paaren (wie in der liebenswürdig-asexuellen Beziehung des Falles 3) sind Einübung von gegenseitiger Kritik und Verschreibungen regelmäßiger Auseinandersetzungen hilfreich. Solche Streitübungen können spielerisch durch Schlagen mit Schaumstoffschlägern oder Kissen „verschärft" werden. Weiter können beide Partner eine Liste anfertigen, auf der links Dinge stehen, die sie in Zukunft allein machen könnten, und rechts die, die sie gemeinsam machen möchten. Die Listen werden erst in der Therapiestunde verglichen.

Die Rekapitulation der Prägungssituation (wie im Fall 3 das Im-Stich-gelassen-Werden beim Ehemann) kann helfen, die Übertragung von unerfüllten Liebeswünschen aus der Kindheit auf die Ehesituation aufzulösen. Diesen Prozeß unterstützen Ablösungsrituale (z. B ein fiktiver Brief an einen Elternteil, in dem die Dinge genannt werden, die man an ihm ablehnt und die man an ihm lassen kann). Dabei ist eventuell eine vorübergehende Phase der Einzeltherapie sinnvoll.

Interventionen für einzelne Phasen der Beziehung

Auflösung harmonischer Verstrickung:
- Exposition gegenseitiger Aggression
- Streitverschreibungen
- Förderung gegenseitiger Abgrenzung
- Rekapitulation symbiotischer Prägung
- Ablösungsrituale von der Primärfamilie

Auflösung feindseliger Verstrickung:
- Umdeutung der Aggression
- Kontrollierte Streitverschreibungen
- Triangulierung des Gesprächs über den Therapeuten
- Unterbrechung des Blickkontakts während des Streits
- Streitregeln und Verletzungsgrenzen
- Verzeihen lernen
- Rationale Umstrukturierung und Humor
- Rekapitulation von Prägungssituationen

Förderung der Konsolidierung:
- Etablierung getrennter und gemeinsamer Aktivitäten
- Förderung gemeinsamer Außenkontakte
- Problemlösetraining
- Trennungsphantasie
- Konstruktive Trennung

Bei feindselig verstrickten Paaren ist zunächst eine Umdeutung der Aggression als Kontaktbedürfnis und eine auch paradox wirkende Verschreibung regelmäßigen kontrollierten Streitens sinnvoll (z.B. 15 Minuten an ungeraden Tagen um 18 Uhr). Vorher sollten Streitregeln und Verletzungsgrenzen festgelegt werden (Kapitel VI.4). Jeder macht eine Liste, auf der die Formulierungen oder Ereignisse stehen, mit denen der andere ihn zur Weißglut bringen kann. Es wird ausgehandelt, wie solche Äußerungen entweder umformuliert oder weggelassen werden. Wichtig ist, daß die Partner lernen, um Verzeihung zu bitten und zu verzeihen.

Im Therapiegespräch ist manchmal eine Unterbrechung des Blickkontakts und Triangulierung der Auseinandersetzung über den Therapeuten sinnvoll, bei der dieser, wenn nötig, hilfreiche Umdeutungen vornehmen kann. Bei dieser Gelegenheit können rationale Umstrukturierungen (Kap. VI.5) eingeübt werden. Auch hier ist die Rekapitulation der Prägungssituationen nützlich. So war es auch bei dem Paar des Falles 1 erleichternd, als die Frau dem Mann berichten konnte, daß sie als Mädchen von ihrem älteren Bruder mißbraucht worden war, der zugleich durch Erpressung verhinderte, daß sie sich bei den Eltern beklagte. Der Mann dagegen war selbst als Scheidungskind von seinem Vater getrennt worden und hatte seinerseits keinen Zugang zu seinen Kindern aus erster Ehe. Durch die Gegenüberstellung dieser biographischen Details wurde das zwanghafte Bedürfnis des Mannes, die Situation zu kontrollieren, und die phobische Reaktion der Frau darauf, ohnmächtig ausgeliefert zu sein, beiden verständlich, und sie konnten sich einen Teil davon verzeihen.

Wenn einer der Partner sich in der Differenzierungsphase befindet, ist oft begleitende Einzeltherapie angezeigt. Etwa konnten mit der Ehefrau aus der Fallvignette 5 in individuellen Sitzungen die Individuation in Form beruflicher und politischer Emanzipation begleitet und die Trennungstendenzen begrenzt werden. Für den anderen Partner sind Abgrenzungsübungen hilfreich (s. o.). Um den Trennungsbestrebungen Raum zu geben, wenn sich beide Partner in der Differenzierungphase befinden, ist eine Trennungsphantasie oft heilsam, die im Rahmen einer hypnotischen Trance (Rücken an Rücken) durchgeführt werden kann (Kap. VI.7). Beide entwickeln diese Phantasie zunächst getrennt und berichten später darüber. (Die Zeitangaben der folgenden Übung sind dem Alter des Paares anzupassen).

> „Stellen Sie sich vor, heute wäre Ihr Scheidungstermin gewesen und Sie gingen von jetzt an getrennte Wege ... Wie sieht Ihr Leben im weiteren Verlauf aus? Stellen Sie sich den nächsten Morgen vor. Sie stehen allein auf, gehen ins Bad ... Was machen Sie nach der Arbeit? ... Wie sieht Ihr Wochenende aus? Machen Sie etwas, was Sie schon immer machen wollten? ...Wie sieht Ihr nächster Urlaub aus? Wo fahren Sie hin? ... Stellen Sie sich vor, es sind 6 Monate vergangen. Leben Sie in einer neuen Umgebung? ... Wo ist Ihre Wohnung, auf dem Land oder in der Stadt? ... Gibt es Pflanzen oder Tiere dort? Stellen Sie sich vor, es ist ein Jahr vergangen. Welche Menschen leben in Ihrer Umgebung, mit Ihnen zusammen? Haben Sie einen neuen Partner? ... Gehen Sie weiter. Sie sind jetzt 5 Jahre getrennt ... wie hat sich Ihr neues Leben eingependelt? ... Gehen Sie weiter in die Zukunft. Sie sind jetzt 10 Jahre getrennt. Haben Sie noch einmal eine neue Familie gegründet? ... Stellen Sie sich vor, Sie sind jetzt schon lange getrennt und alt geworden. Sie sind 70 oder 80 und blicken auf Ihr Leben zurück. Welchen Sinn hatte es, sich damals zu trennen und einen neuen Lebensabschnitt zu beginnen? ... Was haben Sie für sich gewonnen, was haben Sie verhindert? ... Welche Bedeutung für Ihre Entwicklung hatte Ihre damalige Beziehung mit (Namen des Partners)? ... Nehmen Sie sich Zeit, bevor Sie in diesen Raum zurückkehren, und schildern Sie dann Ihre Gedanken und Eindrücke."

Die Reaktionen sind unterschiedlich. Oft finden beide die Trennung unvorstellbar und können besser über eine gemeinsame, aber autonomere Entwicklung reden. Manchmal sind auch beide von der Trennungsidee angenehm berührt und dankbar dafür, daß das Tabu dieses Themas gebrochen wurde. Dann kann man über die Möglichkeit einer vorläufigen Trennung reden. Es kann auch vorkommen, daß ein Partner die Idee willkommen heißt und lange darauf gewartet hat, darüber sprechen zu können, während der andere dasselbe lange gefürchtet hat. Dann ist eine vorsichtige Klärung der Standpunkte in Form des aktiven Zuhörens (Kap. VI.4) sinnvoll oder gleich eine individuelle Nachbesprechung.

Wenn Trennungswünsche bei einem oder beiden sichtbar werden, kann man eine konstruktive vorübergehende Trennung vorschlagen. Das setzt entsprechende ökonomische und räumliche Möglichkeiten voraus. Sind Kinder vorhanden, so zieht meist der Mann aus. Es müssen zahlreiche Details festgelegt werden: Dauer der Trennung (3–6 Monate), ökonomische Versorgung, Besuchskontakte, sexuelle Außenkontakte oder keine, Besuchsregelung für die Kinder u. a. Es sollten regelmäßige Gespräche (mit oder ohne Therapeuten) vereinbart werden. Wie bei der Trennungsphantasie kann diese Maßnahme zu einer Konsolidierung der Beziehung oder aber zu einem ersten Schritt in die endgültige Trennung führen.

Die meisten der in Kapitel VI genannten Vorgehensweisen bringen eine gegenseitige Öffnung der Partner mit sich. Am wenigsten wird dies scheinbar bei den strategischen Vorgehensweisen angestrebt und auch nicht unbedingt bei solchen, die der Förderung des Austausches dienen. Gegenseitige Öffnung erreichen besonders häufig die Vorgehensweisen, bei denen der biographische Hintergrund erhellt wird oder die übergangenen Affekte herausgearbeitet werden. Beides fördert Einsicht und emotionale Betroffenheit. Dadurch wird Kontakt und durch den Kontakt wird Intimität möglich – das ist der Anteil der Beziehung, der über eine ganze Lebenszeit wachsen kann, auch wenn die Sexualität im höheren Alter an Bedeutung verliert.

Intimität wird auch dadurch gefördert, daß sich die Partner über andere Menschen und Geschehnisse in der Umwelt austauschen. Wenn sie ihre eigenen, nur ungern eingestandenen Schattenseiten beschreiben können, erfüllt sich ein tieferer Sinn der Zweierbeziehung – nämlich das Individuum aus der Einsamkeit zu erlösen, die es im Innersten spürt, und es von dem Gefühl zu befreien, mit seiner Schattenseite allein zu sein. Am Anfang einer Beziehung wird die Einsamkeit in der Symbiose überwunden, in der die kindliche

Phantasie real zu werden scheint, vom anderen ganz und in jeder Hinsicht geliebt zu werden (s. Kasten auf S. 117). Diese Phase läßt sich nur unter Aufgabe der Selbstaktualisierung der Partner aufrechterhalten. Da dies zur Verleugnung wichtiger Bedürfnisse führt, wird die Entwicklung der Beziehung letztendlich verhindert.

Wenn man dagegen mit den eigenen Schattenseiten nicht allein bleibt, führt dies zu einer neuen Stufe der Intimität und macht die Beziehung auch in ihrem Vergleichswert wertvoller als mögliche Außenbeziehungen, da in einem Zustand neuer Verliebtheit existenzielle Einsamkeit nur vorübergehend überwunden werden kann. Denn ofmals fördert Verliebtheit eher eine Neigung zur gegenseitigen Überschätzung, nicht die Wahrnehmung der ganzen Person.

Ziele der Paartherapie
Man kann bei der Paartherapie kurzfristige und langfristige Ziele unterscheiden. Kurzfristig sollen zunächst die destruktiven Muster unterbrochen werden, die die Beziehung beeinträchtigen. Dies kann auf der Handlungsebene durch Erhöhung der positiven Reziprozität und der Verhinderung von negativer Eskalation und Stagnation verhindern. Auf der kognitiven Ebene geht es darum, ungünstige Attributionen und Ansprüche zu reformieren. Entsprechende Interventionen wurden in den Abschnitten über Sexualität, Handlung und Konfliktgespräche beschrieben. Dies sind jedoch nur Symptome einer gestörten Beziehung. Sie lassen sich häufig auf einen dysfunktionalen impliziten Beziehungskontrakt zurückführen, der durch neurotische Bindungsmuster aus der Kindheit geprägt ist. Sie zu revidieren bedarf es manchmal auch der Einzeltherapie. Wenn es gelingt, die Beziehung von den neurotischen Schleiern zu befreien, ist mehr Intimität möglich, die eine angstfreie gegenseitige Kenntnis auch der Schattenseiten des anderen bedeutet.

Wenn im Gespräch punktuell emotionale Regungen möglich werden, die der Partner bisher übersehen oder nicht vermutet hat, ist eine wichtige emotionale Voraussetzung gegeben, sich auf den anderen neu einzulassen. Deshalb ist es das langfristige Ziel der Paartherapie, Regungen, die normalerweise der eigenen Abwehr und Angst oder Hoffnungslosigkeit zum Opfer fallen, sichtbar zu machen, um diese Seiten dem anderen sichtbar zu machen. Die Kunst des Therapeuten ist es, hierbei Geburtshilfe zu leisten.

VII. Schluß

1. Wie wirksam ist Paartherapie?

Zur Wirksamkeit von Paar- und Familientherapie liegen zahlreiche Untersuchungen vor. Im allgemeinen schneidet die systemische Therapie bei der Behandlung von Familien nicht schlechter ab als tiefenpsychologische und verhaltenstherapeutische Vorgehensweisen (Gurman und Kniskern, 1981). Erfolgsstudien liegen von einigen bekannten Autoren vor, wie etwa vom Mental Research Institute (Watzlawick), von Stierlin, Palazzoli und Minuchin. Sie fassen jedoch lediglich Erfolge oder Mißerfolge der Klienten aus dem jeweiligen Institut zusammen, ohne sie mit Kontrollgruppen zu vergleichen, und gelten weder als repräsentativ noch als schlüssig. Dabei werden Erfolgsquoten von 50–70 % berichtet. Grawe, Donati und Bernauer (1994) fanden bis 1983 acht kontrollierte Studien mit insgesamt 384 Familien. Die Therapiedauer betrug 6–12 Sitzungen. In allen Studien waren im Vorher-Nachher-Vergleich und im Kontrollgruppenvergleich signifikante Verbesserungen zu verzeichnen. Diese Ergebnisse lassen sich nur bedingt auf die Behandlung von Paaren übertragen, denn es handelt sich vorwiegend um Therapien der ganzen Familie.

Bei den empirischen Untersuchungen der Paartherapie selbst handelt es sich um verschiedene Formen des Kommunikationstrainings und um Programme, die an Austausch und Gegenseitigkeit orientiert sind. Dabei ergaben sich gut belegte Verbesserungen (Baucom und Lester, 1986; Hahlweg, Revenstorf und Schindler, 1984; Jacobson und Margolin, 1979). Grawe, Donati und Bernauer (1994) fanden in ihrer Zusammenschau von 29 verhaltenstherapeutischen Studien mit insgesamt 900 Mittelschicht-Paaren praktisch in 90 % der Untersuchungen Verbesserungen.[6]

---

[6] Im Vorher-Nachher-Vergleich ergab das Reziprozitätstraining in 19 von 20 Studien, das Kommunikationstraining in 7 von 9 Studien signifikante Verbesserungen. Im Kontrollgruppenvergleich ergab das Reziprozitätstraining in 13 von

Der Beitrag der Umstrukturierung von störenden Gedanken und am Therapieerfolg ist bisher in seiner Wirksamkeit nicht eindeutig gesichert (Halford et al., 1993; Coyne, 1990), wenn auch andere Autoren auf die langfristig günstige Wirkung der Einbeziehung von kognitven Komponenten hinweisen (Baucom und Lester, 1986, Dunn und Schwebel, 1995).

Für die im allgemeinen verhaltenstherapeutisch orientierte Sexualtherapie lagen 22 Studien bis 1983 vor, mit insgesamt 968 Klienten. Durchschnittlich dauerte die Therapie 8–11 Sitzungen, wobei in 9 Studien Einzelbehandlung und in 19 Studien Paarbehandlung vorgenommen wurde. Bei Frauen handelte es sich in der Hauptsache um Anorgasmie und bei den Männern um Erektionsschwäche und Ejaculatio praecox. In 11 von 12 Studien war die Vorher-Nachher-Verbesserung signifikant. Dagegen sank die Erfolgsquote im Kontrollgruppenvergleich auf 50 %: Nur drei von sechs Studien lieferten signifikante Ergebnisse. Die geringeren Effekte im valideren Kontrollgruppenvergleich könnte man als unerwartete Wirksamkeit in der Kontrollgruppe erklären. Dort wird ohne Therapie ein gesteigertes Problembewußtsein erzeugt, das einen Abbau von Verleugnung mit sich bringt.

Die verhaltenstherapeutische Paartherapie, die im allgemeinen jedem zweiten Paar hilft, ist vor allem bei mittelschweren Störungen der Beziehung erfolgreich, wobei die Verbesserung der Kommunikation wohl eine entscheidende Komponente ist. Bei schweren Störungen scheint das auf gegenseitige Unterstützung (Reziprozität) gerichtete Vorgehen kontraindiziert zu sein. Verhaltenstherapie erweist sich bei Paaren durchgängig als wirksamer als Beratung, analytische Kurzzeittherapie und gleich wirksam wie systemische Therapie (Mental Research Institute). Sie war der affektorientierten Therapie zumindest bei kurzer Katamnese unterlegen (Johnson und Greenberg, 1985). Eine einsichtsorientierte Paartherapie von Snyder und Wills (1991) schnitt fast genausogut ab. Nach vier Jahren betrug die Scheidungsrate der Verhaltenstherapie-

---

15 Studien, das Kommunikationstraining in 4 von 6 Studien signifikante Verbesserungen. Eine Metaanalyse (Hahlweg und Markmann, 1988) zeigte eine Effektgröße von 1 01 gegenüber der Wartelisten-Kontrollgruppe und von 0,55 gegenüber der Placebo-Gruppe, d.h., etwa die Hälfte des Therapieeffektes ist spezifisch.

gruppe jedoch 34 % und die der einsichtsorientierten Therapie nur 3 % (Snyder, Wills und Grady-Fletcher, 1991). Das läßt vermuten, daß die praktischen Lösungen in bezug auf die Paarbeziehung vielleicht wesentliche Aspekte auslassen. In der einsichtsorientierten Therapie von Snyder und Wills wurde der biographische Hintergrund der Partnerwahl aufgerollt und nichts Praktisches eingeübt.

2. Einzel- oder Paartherapie?

Der Therapeut muß entscheiden, ob der Schwerpunkt der Therapie im sexuellen Bereich liegt oder in der verbalen Kommunikation, im Austausch auf der Handlungsebene, die man auch in Form von Systemregeln erfassen kann. Sollen individuelle neurotische Anteile – die sich eventuell im Sinne einer Passung ergänzen – betrachtet werden, oder soll die Beziehung zu den Eltern oder zu den Kindern mit einbezogen werden? Diese Fragen klären sich entweder aufgrund des Interventionsrepertoires des Therapeuten oder auch erst im Verlauf der Therapie aufgrund der Entwicklung der Problemsicht. Das therapeutische Angebot sollte von der Bedürfnislage, der Motivation und der augenblicklichen Orientierung der Klienten ausgehen. Hilfreich erscheint auch die Unterscheidung von Stufen der Intervention, die auf Amendt (zitiert nach Wendt, 1979) zurückgeht: die „Limitierte Intervention", die „Spezifische Suggestion" und die „Intensive Therapie" (LI-SS-IT).

Es gibt immer einen mehr oder weniger expliziten Therapievertrag, der sich jedoch manchmal als revisionsbedürftig erweist. Bei Fall 1 wurde aus der Paartherapie eine Trennungsberatung und anschließend eine Einzeltherapie der Frau. Bei Fall 5 wurden Einzel- und Paartherapie nebeneinander durchgeführt. Man kann grundsätzlich davon ausgehen, daß jedes individuelle Problem seinen Niederschlag in der Beziehung findet. Die Frage ist nur, ob die Beziehung wesentlich zur Aufrechterhaltung des Problems beiträgt. Im Fall 4 kam der Mann zunächst allein, wegen einer melancholischen Verstimmung an den Wochenenden. Die Ehefrau war zu einem späteren Zeitpunkt bereit, an einer Veränderung der Form der Auseinandersetzung in der Ehe mitzuarbeiten. Die Einbeziehung des Partners ist nicht immer einfach, wie im Fall 7 beschrieben wurde. Dort gelang das nicht. Als in einer gemeinsamen Sitzung ein Streit zwischen der in der Ehe unterprivilegierten Frau und ihrem Mann provoziert wurde, wandte sich der Mann unvermittelt brüsk an den Therapeuten und verlangte: „Aber an unserer Ehe rütteln Sie nicht."

3. Prävention: Vorbeugung des Verfalls

Steigende Scheidungszahlen und die damit einhergehenden psychosozialen Probleme sowie das Auftreten physischer Gewalt in Ehe und Familie legen die Frage nach präventiven Maßnahmen nahe. Primäre Prävention dient der Verhinderung des erstmaligen Auftretens von Störungen. Bezogen auf Beziehungsstörungen sind für diesen Bereich Programme zur Ehevorbereitung und sogenannte ‚Enrichment'-Programme entwickelt worden.

Zur sekundären Prävention, nämlich den Maßnahmen zur Verkürzung bereits manifester Störungen, zählt die Paartherapie. Als tertiäre Prävention, die darauf abzielt, mögliche Folgeschäden für das Individuum zu minimieren, ist Scheidungsberatung (Mediation) und in vielen Fällen die Therapie der Trennungsverarbeitung sinnvoll.

Ehevorbereitungsprogramme wenden sich an Paare mit guter Beziehungsqualität, die noch nicht unter verhärteten Konflikten leiden. Sie haben aber nicht den Anspruch, das Auftreten von Beziehungskonflikten zu verhindern – was auch unrealistisch wäre –, sondern zielen darauf ab, die Kompetenz des Paares zu steigern, mit den zukünftig ohnehin auftretenden Konflikten konstruktiver und flexibler umgehen zu können.

Ehevorbereitungsprogramme stellen im deutschsprachigen Raum sowohl in Forschung als auch in der Anwendung noch ein Randgebiet dar. Ehevorbereitung wurde bislang vorwiegend im kirchlichen Rahmen mit entsprechendem ethischen Hintergrund angeboten. Thurmeier et al. (1992) entwickelten „Ein Partnerschaftliches Lernprogramm" (EPL), ein systematisch aufgebauter Kurs, der in sechs Schritten grundlegende Kommunikations- und Problemlösefähigkeiten (siehe oben) vermittelt, die dann im Gespräch über spezielle Themenkreise (z.B. Erwartungen an die Partnerschaft, Sexualität) angewandt und eingeübt werden. Die Evaluation des EPL ergab, daß sich nach einer Langzeitkatamnese (drei Jahre) das Kommunikationsverhalten bei den EPL-Teilnehmern stabilisiert oder verbessert, bei der Kontrollgruppe dagegen verschlechtert hat. Die Scheidungs- und Trennungsrate war bei den Paaren, die nicht an der Maßnahme teilnahmen, deutlich höher als bei den EPL-Paaren (vgl. Markmann und Hahlweg, 1993).

4. Scheidung: Polygamie auf Raten

In den USA und manchen europäischen Ländern werden inzwischen fast 50% aller Ehen wieder geschieden. Dieser Tendenz folgen andere Länder. Trotzdem heiraten 90% aller Menschen, und das hat sich in den letzten hundert Jahren nicht geändert, genausowenig wie das durchschnittliche Heiratsalter von etwa 22 Jahren. Allerdings haben die Familien nicht mehr fünf oder sechs, sondern ein bis zwei Kinder. Außerdem leben Männer wie Frauen in den westlichen Ländern ungefähr 20 Jahre länger als um 1850. Wenn in den vergangenen Zeiten die Eltern mit fünfzig das letzte Kind „unter die Haube" gebracht hatten, starb meist kurz darauf einer der Partner, und der andere folgte wenig später. Heute verläßt das letzte Kind das Elternhaus, oft bevor die Eltern 45 sind, und es bleiben dem Paar noch 30 Jahre einer Familie mit leerem Nest (s. Kasten auf S. 146).

Was könnte der Sinn der Ehe sein, wenn es weder Eltern zu pflegen noch Kinder großzuziehen gibt? Fehlende Hinderungsgründe einer Trennung wie kleine Kinder oder ökonomische Abhängigkeit und vermehrte Außenkontakte schmälern den Vergleichswert einer Beziehung und machen eine Trennung immer wahrscheinlicher – zumindest zwischen dem 40. und 50. Lebensjahr.

Das heißt jedoch keineswegs, daß die Ehe als Institution weniger attraktiv geworden wäre. Von denen, die sich einmal oder gar zweimal scheiden lassen, heiraten 80% wieder. Niemand möchte offenbar allein sein. Tatsächlich lebt es sich nach Scheidung oder Verwitwung gefährlicher. Es ist bekannt, daß die Risiken für Herzinfarkt, Verkehrsunfall, Selbstmord und sogar dafür, Mordopfer zu werden, für Geschiedene und Verwitwete vier- bis achtmal so hoch sind wie für Ledige und Verheiratete. Das trifft für Männer in noch viel stärkerem Maße zu als für Frauen. Die monogame Beziehung

Veränderungen der Familienstruktur seit 1850 in den USA (nach Nadelson und Polonsky, 1979)	
Nicht verändert seit 1850	In diesem Jahrhundert verändert
Familien von 2 Generationen	Die Lebenserwartung steigt (von 40 auf 75 Jahre)
90 % aller Menschen heiraten	Kinderanzahl vermindert sich (von 6 auf 2)
90 % aller Paare haben Kinder	Leeres Nest (von 2 auf 20/30 Jahre)
33 % der Paare gehen vor dem Alter auseinander (wegen Tod oder Scheidung)	Berufstätige Frauen (von fast 0 auf 30 %)
	Wiederverheiratung (von 10 auf 80 %)
	Bindungen ohne Ehe/Heiraten
	Sexuelle Erfahrungen vor der Ehe

hat also an Attraktivität nicht verloren. Nur tritt an die Stelle des Lebenspartners der „Lebensabschnittspartner". Allerdings verbirgt sich in dieser Erscheinung eine Ungerechtigkeit, denn die Männer heiraten mit zunehmendem Alter immer jüngere Frauen, während Frauen ab einem gewissen Alter eher allein bleiben. Die moderne Entwicklung bringt also das heimliche Patriarchat des Harems in sequentieller Form zurück. Vielleicht hat es einen Sinn, daß es, wie Margaret Mead (1947) fand, auf der ganzen Welt kaum Gesellschaften gibt, die keine lebenslange Verbindung von Mann und Frau anstreben. In der westlichen Gesellschaft, scheint diese Tradition abzubröckeln.

In dem Film „Die Brücken am Fluß" wird der Zuschauer Zeuge einer außerehelichen Liebesbegegnung, die dann abrupt mit dem Bekenntnis zur bestehenden Ehe endet. Auf dem Lande, im Mittelwesten Nordamerikas, trifft ein alternder Fotograf, der sein Leben als Nomade verbracht zu haben scheint, auf eine Hausfrau, die eigentlich viel lieber in ihrem Heimatland Italien leben würde. Zunächst scheint es, als hätten zwei Seelen nach lebenslangen Umwegen durch schicksalhafte Fügung zueinandergefunden. Die skeptische und von dem erotischen Einbruch in ihr karges Leben völlig überwältigte Frau zweifelt zuerst an der Bindungsfähigkeit ihres Liebhabers, den sie für einen Abenteurer hält. Als er ihr erklärt, daß er in dieser Beziehung die Liebe gefunden habe, auf die er sein Leben lang gewartet hat, verliert sie das Interesse, löst sich von ihm und wendet sich wieder ihrer seit langem aller Intimität entblößten Ehe zu. Hier wird deutlich, welche Bedrohung die Kraft der Liebe für die gesellschaftliche Ordnung darstellen kann. Ist die Entscheidung der Frau für ihren zur Intimität unfähigen Ehemann und die fast erwachsenen Kinder eine moralische Wendung, um das kollektive Wohl über das individuelle Glück zu stellen, oder war die überraschende Liebe nichts weiter als die momentane und opportunistische Überwindung einer frustrierten Sexualität? Infolge einer allzu intensiven Fixierung auf die Familie scheint oft die Liebe auf dem Altar Familie geopfert zu werden.

Wenn man die Liebe als eigenständiges Phänomen gelten lassen will, das unabhängig von einer familiären Bindung existiert, dann kommt man nicht umhin, sich selbst und dem Partner Nebenbeziehungen zuzugestehen. Das ist in vielen Kulturen verbreitet, aber nur halb akzeptiert. Es gibt viele Beispiele, die einen eher unangenehm berühren. In Mexiko etwa, wo die Scheidungsrate noch gering ist, gründet der Mann einfach eine zweite Familie und hat dann ein sogenanntes großes und ein kleines Haus. Im allgemeinen finden sich Ausnahmen von der offiziell propagierten dauerhaften Beziehung vor allem unter ungünstigen Umständen: Dort, wo die sozialen Regeln durch Armut und Kriminalität geschwächt sind, wie in den von Schwarzen bewohnten Quartieren New Yorks oder Philadelphias, wo Männer kaum eine verläßliche Einnahmequelle darstellen und die Frauen das Zentrum der Familie sind.

Liebe und Familie scheinen schon immer miteinander konkurriert zu haben, und die bisherigen Lösungen für die unabhängige Existenz der Liebe innerhalb von Patriarchaten sind eher unbefriedigend. In dem kleinen Matriarchat in China, das in Kapitel II.2 erwähnt wurde, erhalten die Töchter nach der Pubertät eine eigene Kammer im Haus der Großfamilie, in dem sie nachts ihren Liebhaber empfangen, der am Morgen wieder geht. Es muß nicht immer derselbe sein. Die Kinder verbleiben bei der Mutter, und der biologische Vater hat kaum Beziehungen zu seinen Nachkommen. Dafür ist er als Onkel der väterliche Erzieher für die Kinder seiner Schwestern. So sind Liebe und Familie getrennt. Niemals haben

Frauen oder Männer mehrere Partner gleichzeitig. Sie leben in einer Art serieller Monogamie. Auf Festen hat die Frau um den Hals ein Kettchen mit dem Schlüssel zu ihrem Zimmer, den sie am Ende des Abends einem Manne leiht – für eine Nacht. Dem Vernehmen nach gibt es keine Eifersucht und keine Angst vor Trennungen in diesen Dörfern.

5. Spiritualität

Die westliche Idee, die romantische Liebe zur Grundlage einer langfristigen Beziehung zu machen, breitet sich auch in den kollektivistischen Kulturen aus, auch wenn in den Statistiken der ländlichen Regionen, z.B. Chinas, nach wie vor die arrangierte Ehe eine beträchtliche Rolle spielt. Man kann sich fragen, warum man einem irrationalen Antrieb wie dem der Liebe so viel Bedeutung beimessen soll? Da er so unberechenbar ist, erscheint er mit der Familienstabilität oft unvereinbar. Auf der anderen Seite wurden viele Gründe dafür genannt, der Liebe einen Raum zu geben: Sie schenkt dem Menschen Momente ohne die oft so quälenden Entscheidungsunsicherheit, die sein übriges Leben durchzieht; Liebe ist das stärkste und das positivste Gefühl, zu dem der Mensch fähig ist; Liebe kann die Wunden kurieren, die dem Menschen durch Lieblosigkeit zugefügt wurden. Von Christus bis zu den Hippies und in allen Weisheitslehren der Welt wurde Liebe als heilende Kraft für die von Haß und Selbstsucht zerfressene Menschheit betrachtet.

Tatsächlich scheinen sich in der Liebe Egoismus und Altruismus nicht zu widersprechen. Liebe ist das Bedürfnis nach Vereinigung, die der innigste Wunsch dessen ist, der liebt, und der ihn zugleich befähigt, für den geliebten Menschen fast alles zu tun. Liebe setzt auch Kreativität frei. Es kostet keine Mühe zu lieben. Es macht frei und gutartig. Liebe ist der in der westlichen Zivilisation so dominanten instrumentellen Vernunft in vieler Hinsicht entgegengesetzt. Sie macht die technische Umwelt, in der wir leben, vielleicht überhaupt erst menschlich. Ohne sie würden wir über kurz oder lang zu gut funktionierenden Automaten oder triebhaften Egoisten degenerieren. Da wir die Natur um uns schon so gut wie abgeschafft haben, scheint sie der letzte Rest Natur, den wir nicht beherrschen. Und diesen Teil der Natur tragen wir unausrottbar in uns.

McKenna (1992) hat im Zusammenhang mit der Frage nach dem evolutionären Sinn psychotroper Drogen die symbiotisch-primärprozeßhafte Seinsweise der parasitären Seinsweise gegenübergestellt. Durch die parasitäre Lebensart zerstören die Menschen sich gegenseitig ebenso wie ihre Umwelt. Pflanzliche Stoffe wie Psilocybin oder Meskalin, die in bestimmten Pilzen und Kakteen vorkommen, lassen uns von einer parasitären Lebensweise, die unseren Alltag und unsere Zivilisation bestimmt, kurzfristig zu einem symbiotischen Lebensgefühl zurückkehren. Diese Drogen können als Botenstoffe zwischen Pflanzen und Menschen angesehen werden – sonst scheinen sie keinen evolutionären Vorteil zu haben. Sie bringen dem Menschen die Verbundenheit mit der Natur ins Bewußtsein zurück. Im spirituellen Sinn können sie als Kommunikation zwischen den pflanzlichen und menschlichen Subsystemen des Gesamtbiotops Erde verstanden werden. Durch sie kann dem Menschen deutlich werden, daß er selbst ein Teil der Umwelt ist, die er zu zerstören im Begriff ist. Eine ähnliche Grundhaltung streben spirituelle Traditionen mit mystischer Ekstase an.

Eine vergleichbare Beziehung zwischen Menschen ermöglicht die Liebe. Sie ist symbiotisch und nicht-parasitär. Am vertrautesten erscheint diese Haltung in der Beziehung zwischen Mutter und Kind. Zwischen Erwachsenen scheint sie auf die Phase der anfänglichen Verliebtheit begrenzt zu sein. Aber wenn man den Sinn der Zweierbeziehung nicht auf die Reproduktion begrenzt, sondern sie als Keimzelle eines liebevollen Umgangs ansieht, kann eine dauerhafte Liebe ein Gegengewicht zur parasitären Lebenseinstellung werden, die uns sonst allzu schnell im Alltag überfällt. Was in der Verliebtheit leichtfällt, läßt sich als eine Idee zum besseren Menschen deuten. Diese Haltung könnte bewirken, im anderen das Licht seiner Seele zu sehen und nach seinem positiven Kern, dem superioren Selbst, zu suchen – nach dem, was er sein könnte. Dieser Anteil ist nur für den sichtbar, der ihn sehen will.

In der Literatur wird Liebe oft als etwas Göttliches dargestellt, das höher steht als die Regeln, die das Zusammenleben der Menschen ordnen. In der Sage von Tristan und Isolde (vgl. Kap. V.3) heißt es:

Tristan und Isolde waren durch einen Zaubertrank lebenslang in Liebe verbunden und standen beide in ständigem Loyalitätskonflikt zu ihrem König, der Isoldes Ehegatte war. An einer Stelle gibt Gott ein Zeichen, daß die Liebe zwischen Tristan und Isolde dennoch rein ist. Als der König, durch Denunziationen verunsichert, zum wiederholten Mal Verdacht schöpft, ordnet er ein Gottesgericht an. Isolde soll ein glühendes Eisen mit den Händen halten, und wenn sie sich dabei nicht verbrennt, will er an ihre Treue glauben, sonst muß sie sterben. Tristan, der längst vom Königshof verbannt ist, möchte sie noch einmal sehen und läßt ihr eine Nachricht zukommen: An dem Flüßchen, das sie durchqueren muß, um zum Gottesgericht zu gehen, würde ein Mönch sitzen. Dort solle sie stolpern und hinfallen. Dies tut sie, und der als Mönch verkleidete Tristan trägt sie über den Fluß. Dort wird sie gefragt, ob sie je einen anderen Mann berührt habe als den König, und sie antwortet wahrheitsgemäß: Niemand außer dem König und dem Mönch, der sie gerade getragen habe, hätte sie je berührt. Es war keine Lüge, und mit Gottes Hilfe überlebt sie die Feuerprobe.

Wenn wir Liebe als etwas sehr Kostbares oder gar Heiliges verstehen, dann haben wir auch Grund, sie über alle Sachzwänge zu heben. Wir können sie dann eher wie ein Geschenk schätzen, wenn sie uns begegnet, und versuchen, sie lebendig zu erhalten, wenn sie uns ergriffen hat.

Literatur

Aeppli, E. (1967): Der Traum und seine Bedeutung. Erlenbach-Zürich und Stuttgart.
Ackermann, N. W. (1966). Treating the troubled family. New York: Basic Books.
Ainsworth, M. D. S. et al. (1989). Attachments beyond infancy. American Psychologist. 44, 709–716.
Anand, M. (1990). Tantra oder die Kunst der sexuellen Ekstase. München: Goldmann TB 13847.
Amendt, G. (1974). Haschisch und Sexualität. Eine empirische Untersuchung über die Sexualität Jugendlicher in der Drogensubkultur. Stuttgart: Enke.
Arentewicz, G. & Schmidt, G. (1980). Sexuell gestörte Beziehungen. Heidelberg, New York: Springer.
Bach, G. R. & Wyden, P. (1968). The intimate enemy. How to fight fair in love and marriage. New York: Avon.
Bader, E. & Pearson, P. T. (1988). In quest of the mythical mate. New York: Brunner/Mazel.
Bandler, R. (1992). Veränderung des subjektiven Erlebens. Paderborn: Junfermann.
Bandler, R. & Grinder, J. (1994). Neue Wege der Kurzzeittherapie. Paderborn: Junfermann.
Bandler, R. & Grinder, J. (1994). Metasprache und Psychotherapie. Die Struktur der Magie I. Paderborn: Junfermann.
Bandler, R. & Grinder, J. (1991). Kommunikation und Veränderung. Die Struktur der Magie II. Paderborn: Junfermann.
Barbach, L. G. (1982). For Yourself: Die Erfüllung weiblicher Sexualität. Frankfurt/M.: Ullstein.
Bartholomew, K. (1990). Avoidance of intimacy: An attachment perspective. Journal of Social and Personal Relationships. 7, 147–178.
Bataille, G. (1994). Die Erotik. München: Matthes & Seitz.
Baucom, D. H. & Lester, G. (1986). The usefulness of cognitive restructuring as an adjunct to behavioral marital therapy. Behavior Therapy. 17, 385–403.
Beck, A. T. (1976). Wahrnehmung der Wirklichkeit und Neurose. Kognitive Psychotherapie emotionaler Störungen. München: Pfeiffer.
Bennholdt-Thomsen, V. (Hrsg.) (1997). Juchián – Stadt der Frauen.
Beutler, L. E. (1992). Selective treatment matching: systematic eclectic psychotherapy. In: Norcross, J. C. & Goldfried, M. R. (Eds.). The handbook of psychotherapy integration. New York: Basic Books.
Bierhoff, W. & Grau, I. (1997). Dimensionen enger Beziehungen: Entwicklung von globalen Skalen zur Einschätzung von Beziehungseinstellungen. Diagnostica. 43; 3, 210–229.

Bischof, N. (1972). Inzestbarrieren bei Säugetieren. Homo 73. 330–351.
Bischof, N. (1985). Das Rätsel des Ödipus. München: Piper.
Bolwby, J. (1975). Bindung. Eine Analyse der Mutter-Kind-Beziehung. München: Kindler.
Borbely, A. (1987). Das Geheimnis des Schlafs. München: dtv.
Bornemann, E. (1968). Lexikon der Liebe. München: List.
Buss, D. M. & Schmitt, D. P. (1993). Sexual strategies theory: An evolutionary perspective on human mating. Psychological Review. 100, 204–232.
Buss, D. M. (1988a). Love acts: The evolutionary biology of love. In: R. J. Sternberg & M. L. Barnes (Eds.). The psychology of love. New Haven: Yale University Press.
Christensen. A.; Jacobson, N. S. & Babcock, J. C. (1995). Integrative Behavioral Couple Therapy. In: Jacobson, N. S. & Gurman, A. S. (Eds.). Clinical Handbook of Couple Therapy.
Comfort, A. (1972). New Joy of Sex. Berlin: Ullstein.
Coyne, J. C. (1990). Concepts for understanding marriage and developing techniques of marital therapy: Cognition über alles? Journal of Family Psychology. 4, 185–194.
Dell, P. F. (1982). Beyond homeostasis: Toward a concept of coherence. Family Process. 21, 21–41.
Dionne, E. & Revenstorf, D. (1998). Intimidad, Estilos atributivos y satisfacción marital en diferentes etapas del matrimonio. Revista de ensenanza y investigación en psicologia (CNEIP). 3, 231–254.
Dunn, R. L. & Schwebel, A. I. (1995). Meta-analytic review of marital therapy outcome research. Journal of Family Psychology. 9, 58–68.
Duvall, E. M. (1977). Marriage and family development. New York: Harper & Row.
Ellis, A. & Harper, R. (1961). A Guide to Successful Marriage. Hollywood: Wilshire.
Ellis, A. & Harper, R. (1975). A New Guide to Rational Living. Hollywood: Wilshire.
Engel, G. L. (1980). The clinical application of the biopsychosocial model. American Journal of Psychiatry. 137, 535–544.
Epstein, N. & Eidelson, R. J. (1981). Unrealistic beliefs of clinical couples. The American Journal of Family Therapy. 9, 13–22.
Erickson, Milton H. & Rossi, Ernest L. (1975). Varieties of double bind. American Journal of Clinical Hypnosis. 16, 225–239.
Erikson, E. H. (1963). Childhood and society. New York.
Faraday, A. (1985). Deine Träume – Schlüssel zur Selbsterkenntnis. Frankfurt a. Main. Fischer.
Feldman, L. B. (1976). Depression and marital interaction. Family Process. 15, 389–395.
Fisher, H. E. (1989). Evolution of human serial pair-bonding. American Journal of Physical Anthropology. 78, 331–354.
Frank, J. D. (1973). Persuasion and healing. A comparative study of psychotherapy. Baltimore: Johns Hopkins Univ. Press.
Frankl, V. E. (1975). Theorie und Therapie der Neurosen. München: UTB 457.

Freud, S. (1972). Abriß der Psychoanalyse. Das Unbehagen in der Kultur. Frankfurt a. Main: Fischer.

Freud, S. (1969). Beiträge zur Psychologie des Liebeslebens. Schlußwort. In: G. W. VIII. Frankfurt a. Main: Fischer

Gardener, R. A. & Gardener, B. T. (1969). Teaching sign language to a chimpanzee. Science. 165, 664–672.

Gottman, J. M. (1993). A Theory of Marital Dissolution and Stability. Journal of Family Psychology. 7, 57–75.

Grawe, K. (1992). Psychotherapieforschung zu Beginn der neunziger Jahre. Psychologische Rundschau. 3, 132–162.

Grawe, K.; Donati, R. & Bernauer, F. (1994). Psychotherapie im Wandel. Von der Konfession zur Profession. Göttingen: Hogrefe.

Gurman, A. S. & Kniskern, D. P. (Eds.) (1981). Handbook of Family Therapy. New York: Brunner/Mazel.

Hafner, R. J. (1977). The husbands of agoraphobic women: Assortative mating or pathogenic interaction? British Journal of Psychiatry. 30, 233–239.

Haley, J. (1977). Direktive Familientherapie. Strategien für die Lösung von Problemen. München: Pfeiffer.

Halford, W. K., Sanders, M. R. & Behrens, B. C. (1993). A comparison of the generalization of behavioral marital therapy and enhanced behavioral marital therapy. Journal of consulting and Clinical Psychology. 61, 51–60.

Hall, J. A. (1982). Arbeit mit Träumen in Klinik und Praxis. Paderborn. Junfermann.

Hamburger, A. (1995). Wenn Paare sich im Traum begegnen. Freiburg. Herder.

Hatfield, E. & Rapson, Richard L. (1993). Love, Sex and Intimacy. New York: Harper Collins College Publishers.

Horney, K. (1951). Der neurotische Mensch unserer Zeit. München. Kindler.

Izard, C. E. (1981). Die Emotionen des Menschen. Eine Einführung in die Grundlagen der Emotionspsychologie. Weinheim: Beltz.

Jacobson, N. S.; Christensen, A. & Babcock, J. C. (1995). Integrative Behavioral Couple Therapy. In: Jacobson, N. S. & Gurman, A. S. (1995). Clinical Handbook of Couple Therapy. New York: Guilford Press.

Jacobson, N. S. & Margolin, G. (1979). Marital therapy: Strategies based on social learning and behavioral exchange principles. New York: Brunner/Mazel.

Jacobson, N. S. (1977). Problem-solving and contingency contracting in the treatment of marital discord. Journal of consulting and Clinical Psychology. 45, 92–100.

Johnson, S. M. & Greenberg, L. S. (1985). Emotionally focused couples therapy. Journal of Marital Family Therapy. 11, 313–317.

Jung, C. G. (1990). Traum und Traumdeutung. München. Deutscher Taschenbuch Verlag.

Kaplan-Singer, H. (1979). Sexualtherapie. Ein neuer Weg für die Praxis. Stuttgart. Enke.

Kegan, R. (1986). Die Entwicklungsstufen des Selbst. München: Kindt.

Kerckhoff, A. C. & Davis, K. (1962). Value consensus and need complementary in mate selection. American Sociological Review. 27, 295–303.

Kinsey, A. C. et al. (1954). Das sexuelle Verhalten der Frau. Frankfurt a. Main. Fischer.

Kohlberg, L (1976). Collected papers on moral development and moral education. Cambridge/Mass.: Cambridge University Press.

Lazarus, A. A. (1976). Multimodale Verhaltenstherapie. Frankfurt a. M.: Fachbuchhand ung für Psychologie.

Lazarus, A. A. (1981). The practise of multimodal therapy. New York: McGraw-Hill.

Lee, J. A. (1988). Love-Styles. In: Sternberg, R. J. & Barnes, M. L. (HG.). The psychology of love. New Haven: Yale University Press.

Lee, J. H. (1976). The colours of love. Englewood Cliffs. New York. Prentice-Hall.

Lee, R. (1995). Cultural tradition and stress management in modern society. In: Lin, T. J. et al (ed.). Chinese societies and mental health. Hongkong: Oxford University Press.

Lowen, A. (1979). Bioenergetik. Therapie der Seele durch Arbeit mit dem Körper. Reinbek: Rowohlt.

Madanes, C. (1982). Strategic family therapy. London. Jossey-Bass Publishers.

Mahler, M. S. (1972). Symbiose und Individuation Bd. I: Psychosen im frühen Kindesalter. Stuttgart: Klett.

Masters, W. H. & Johnson, V. E. (1970). Die sexuelle Reaktion. Wissenschaftl. Bearb. V. Sigusch, Reinbek: Rowohlt.

Mead, M. (1992). Mann und Weib. Frankfurt/M.: Ullstein Sachbuch 24835.

Markmann, H. J.; Duncan, S. W.; Storaasli, R. D. & Howes, P. W. (1987). The predictior and prevention of marital distress: A longitudinal investigation. In: Hahlweg, K. & Goldstein, M. J. (Eds.). Understandig major mental disorder. The contribution of family interaction research. New York: Family Process.

Markmann, H. J. & Hahlweg, K. (1993). The prediction and prevention of marital distress: An international perspective. Clinical Psychology Review. 13, 29–43.

Maturana, H. R. & Varela, F. J. (1987). Der Baum der Erkenntnis. Bern-München-Wien: Scherz-Verlag.

McKenna, T. (1992). Food of the gods. New York: Bantam Books.

Miller-Fishman, B. & Asher, L. (1997). Die Resonanz-Beziehung. Reinbek: Rowohlt.

Minuchin, S ; Rosman, B. L.; Baker, L. (1981). Psychosomatische Krankheiten in der Famil e. Stuttgart: Klett-Cotta.

Möller, M. L. (1988). Die Wahrheit beginnt zu zweit. Reinbek: Rowohlt.

Möller, M. L. (1996). Liebe ist ein Kind der Freiheit. Reinbek: Rowohlt.

Nadelson, C.; Polonsky, D. & Mathews, M. A. (1979). Marriage and midlife: The impact of social change. Journal of Clinical Psychiatry. 40 (7), 292–298.

Nell, R. (1976). Traumdeutung in der Ehepaar-Therapie. München. Kindler.

Nieden, S. zur (1994). Weibliche Ejakulation. Beiträge zur Sexualforschung. Stuttgart: Enke.

Norcross, J. C.; Goldfried, M. R. (1992). The handbook of psychotherapy integration. New York: Basic Books.

Obrist, W. (1990). Archetypen. Natur- und Kulturwissenschaften bestätigen C. G. Jung. Olten. Walter.

Olson, D. H.; Sprenkle, D. H. & Russel, C. S. (1979). Circumplex model of marital and family systems. Cohesion and adaptability dimensions, family types and clinical applications. Family Process. 18, 3–28.

Paolino, T. J. & McCrady, B. S. (Eds.) (1978). Marriage and marital therapy. Psychoanalytic, behavioral and systems theory perspectives. New York: Brunner & Mazel.

Patterson, G. R. (1975). Families: Applications of social learning to family life. Champaign: University Press.

Perry, J. D. (1981). Pelvic muscle strength of female ejaculators: Evidence in support of a new theory of orgasm. J. Sex Res. 17; 22–39.

Pierrakos, J. C. (1990). Core energetics. Developing the capacity to Love and Heal. Mendocino: Life Rhythm.

Pirsig, R. M. (1974). Zen and the art of motorcycle maintenance. New York. Bantam Books.

Plutchik, R. & Kellerman, H. (1980). Emotion. Theory, research, and experience. New York: Academic Press.

Premack, D. (1970). The education of Sarah: A chimp learns the language. Psychology Today. 4, 55–58.

Pribram, K. H. (1977). Languages of the brain. Experimental paradoxes and principles in neuropsychology. Monterey: Brook/Cole.

Prigogine, L. & Stengers, L. (1986). Dialog mit der Natur. München: Piper.

Reich, W. (1933). Charakteranalyse. Wien: Internationaler Psychoanalytischer Verlag.

Reiter, L. & Steiner, R. (1982). Gruppentherapie mit nachfolgender Selbsthilfegruppe. Partnerberatung. 19, 133–144.

Reiter, L. (1983). Gestörte Paarbeziehungen. Göttingen: Vandenhoeck & Ruprecht.

Revenstorf, D. & Freudenfeld, E. (1998). Beziehungs- und Sexualstörungen: Intervention. In: Baumann, U. & Perrez, M. (Hrsg.). Lehrbuch Klinische Psychologie und Psychotherapie. Bern: Huber.

Revenstorf, D. (1992). Psychotherapeutische Verfahren im Überblick. In: Bastine, R.: Klinische Psychologie. Stuttgart: Kohlhammer.

Revenstorf, D. (1996a). Psychotherapeutische Verfahren Bd. 2: Verhaltenstherapie. Stuttgart: Kohlhammer.

Revenstorf, D. (1993). Klinische Hypnose. Berlin: Springer.

Revenstorf, D. (1996). Klinische Hypnose. In: Margraf, H. (Hrsg.). Handbuch der Verhaltenstherapie. Berlin: Springer.

Revenstorf, D. (1995). Hypnose in der psychotherapeutischen Versorgung. BDP-Report.

Revenstorf, D. (1996). Hypnose und Kognitive Verhaltenstherapie. Hypnose und Kognition. 23–51.

Rossi, E. L. & Cheek, D. B. (1988). Mind-body therapy. Methods of ideodynamic healing in hypnosis. New York. W. W. Norton & Company.

Sager, C. J. (1976). Marriage contracts and couple therapy. New York: Brunner & Mazel.

Schindler, L.; Hahlweg, K. & Revenstorf, D. (1981). Partnerschaftsprobleme: Möglichkeiten zur Bewältigung. Heidelberg: Springer.

Schindler, L.; Hahlweg, K. & Revenstorf, D. (1998). Partnerschaftsprobleme: Möglichkeiten zur Bewältigung II. Heidelberg: Springer.

Seligman, E. (1975). Gelernte Hilfslosigkeit. München: Urban & Schwarzenberg.

Seltzer, L. F (1985). Paradoxical strategies in psychotherapy. A comprehensive overview and guidebook. New York: Wiley.

Selvini-Palazzoli, M. et al. (1977). Paradoxon und Gegenparadoxon. Ein neues Therapiermodell für die Familie mit schizophrener Störung. Stuttgart: Klett.

Shaver, P. & Hazan, C. (1987). Being lonely, falling in love. Journal of Social Behavior and Personality. 2, 105–124.

Snyder, D. K.; Wills, R. M. & Grady-Fletcher, A. (1991). Long-term effectiveness of behavioral versus insight-oriented marital therapy: Journal of Consulting and Clinical Psychology. 59, 138–141.

Sternberg, F. J. & Barnes, M. L. (Hrsg.) (1988). The Psychology of Love. London: Yale University Press.

Swenson, C H. (1972). The behavior of love. In: H. O. Otto (Ed.). Love today: A new exploration. New York: Association. 35–56.

Thurmeier, F. et al. (1992). Prävention von Ehe- und Partnerschaftsstörungen ELP (Ehevorbereitung – ein partnerschaftliches Lernprogramm). Verhaltenstherapie. 2, 116–124.

Foerster, H. von (1985). Sicht und Einsicht. Braunschweig/Wiesbaden: Vieweg & Sohn.

Varma, V. K. (1982). Present state of Psychotherapy in India. Indian Journal of Psychiatry. 14, 209–226.

Walsh, F.(1993). Normal family processes. New York: Guilford.

Watkins et al. (1986). Contemporary counseling psychology: Results of an national survey. Journal of Counseling Psychology. 33. 3, 301–309.

Watzlawick P.; Beavin, J. H. & Jackson, D. D. (1969). Menschliche Kommunikation. Bern: Huber.

Watzlawick P.; Weakland, J. H. & Fisch, R. (1974). Lösungen. Zur Theorie und Praxis menschlichen Wandels. Bern: Huber.

Wendt, H. (1979). Integrative Sexualtherapie: am Beispiel von Frauen mit Orgasmusstörungen. München: Pfeiffer.

Willi, J. (1975). Die Zweierbeziehung. Reinbek: Rowohlt.

Willi, J. (1993). Was hält Paare zusammen. Reinbek: Rowohlt Sachbuch 9394.

Winson, J. (1986). Auf dem Boden der Träume. Weinheim, Basel. Beltz.

Xu, X. & Whyte, M. K. (1990). Love matches and arranged marriages: A Chinese replication. Journal of Marriage and the Family. 52, 709–722.

Zilbergeld, B. (1986). Männliche Sexualität. Tübingen: DGVT.

Zimmer, D. (1985). Sexualität und Partnerschaft. München: Urban & Schwarzenberg.

Zimmer, D. E. (1986). Schlafen und Träumen. Die Nachtseite unseres Lebens. Berlin: Ulstein.

Verzeichnis der Abbildungen und Tabellen

Abb. 1: Effektstärken der Psychotherapie, S. 15
Abb. 2: Mehrebenen-Einbettung des Verhaltens, S. 17
Abb. 3: Kausale, finale und systemische Betrachtung von Veränderung, S. 19
Abb. 4: Metatheorie der Veränderung, S. 21
Abb. 5: Entwicklung der Paarbeziehung in Analogie zur Eltern-Kind-Beziehung, S. 54
Abb. 6: Das trianguläre Modell der vollständigen Liebe, S. 76
Abb. 7: Zirkuläres Modell der Paarbeziehung, S. 86

Tab. 1: Grundemotionen und ihre Funktionen, S. 39
Tab. 2: Entwicklung der Emotionen, S. 42
Tab. 3: Zusammenhang von Bindungstypen, S. 43
Tab. 4: Individuelle Entwicklungsstufen, S. 49
Tab. 5: Psychosexuelle Funktionsstörungen im Überblick, S. 65
Tab. 6: Fünf deskriptive Aspekte der Liebe, S. 71
Tab. 7: Kollusionen aufgrund einer komplementären Fixierung, S. 72
Tab. 8: Schritte der strategischen Intervention, S. 92 f.
Tab. 9: Therapeutische Interventionen bei sexuellen Dysfunktionen, S. 96

Verzeichnis der Fallbeispiele

Fall 1: Kontrollzwang, S. 22
Fall 2: Agoraphobie, S. 45
Fall 3: Trotzige Schwester, S. 46
Fall 4: Schwere Beine, S. 51
Fall 5: Hysterie und Jähzorn, S. 52
Fall 6: Emanzipation, S. 52 f.
Fall 7: Kälteflecken, S. 88
Fall 8: Bahndirektor, S. 89
Fall 9: Weihnachten, S. 90
Fall 10: Madanes, S. 92
Fall 11: Chorsänger, S. 99
Fall 12: Uhrfeder, S. 128 f.
Fall 13: Tumorpatient, S. 129 f.
Fall 14: Oberarzt, S. 132
Fall 15: Hochhaus, S. 132 f.

Sachregister

Agape 74, 135, s.a. Liebe, altruistische
Aggressionsritual 111
Agoraphobische Beziehung 44 f., 126
Akzeptanz 112
Allparteilichkeit 105 f.
Anima 68, 70
Animus 68, 70
Anorgasmie 64 f., 96 f., 142
Apokalyptische Reiter 81 f., 104, 115
Appetenzphase 61 f., 64 ff., 96
Archetypen 132
Askese 30
Außereheliche Beziehungen s. Nebenbeziehungen
Auszeit 111

Balance 80
Basisemotionen s. Grundgefühle
Befruchtung 60
Beziehungskontrakt 134 ff., 140
Bindungsphase 41 f., 49, 53
Bindungsverhalten 41 ff.
Blackbox-Modell 20

Dammnaht 65
Degeneration 33 f., 37
Depressiv-rigides System 44
Destabilisierung 21 ff., 89
Differenzierung 52, 54 f., 136, 138
Dilatation 56 f.
Dyspareunie 65

Ehe, arrangierte 78
Ehevorbereitung 144
Eifersucht 12, 40, 72, 75, 122, 148
Einsamkeit 109, 139 f.
Ejaculatio praecox 63 ff., 96 f., 142
Ejaculatio retardata 65, 96 f.
Ekstase, mystische 149

Emotionsausdruck 38 f., 53
Enrichment-Programm 144
EPL 144 f.
Erektionsschwäche 96, 142
Erkundungsphase 41 f., 53, 98
Eros 74, 135, s.a. Liebe, romantische
Erregungsphase 61 f., 64, 66, 96

Familienzyklus 47 f., 86 f.
Filtermodell für die Partnerwahl 46 f.
Finalität 18 f.
Fixierung 71 f.

G-Punkt s. Grafenberg-Punkt
Grafenberg-Punkt 59, 63, 66, 98
Grundgefühle 39–42, 53, 67 f.

Höheres Selbst s. Superiores Selbst
Homöostase 87 ff.
Hymen s. Jungfernhäutchen

Impliziter Kontrakt 134
Intimität 48 f., 55, 61, 66, 76 f., 80, 82, 109, 112, 120, 134 f., 139 f.
Inzest 29, 32 ff., 36 f.
Irrationale Gedanken 116 f.

Jäger- und Sammler-Gesellschaften 24, 27 f., 37
Jungfernhäutchen 59, 65
Jungfräulichkeit 59

Kausalität 18 f.
Kegelübungen 96
Koalitionen 86 f.
Kohäsion 134
Kollusionskonzept 17, 43 f., 70, 72, 82, 85

Kommunikation 100–113
 digitale Komponenten 101
 analoge Komponenten 101
 komplementäre Muster 101
 symmetrische Muster 101
Komplementäre Partnerwahl 45
Komplementarität 70 ff., 82
Konfliktgespräche 103 f., 108
Konsolidierung 50 f., 54 f., 137
Kontrollgruppen 141 f.
Kopplung 21
Kritik, nicht-anklagende 103 f., 106

Lebensabschnittspartner 146
Lebenszyklus 48, 55
Leeres Nest 48, 145
Liebe 11 f., 40, 42, 49, 53 f., 57, 61, 65, 67–83, 120, 147–150
 altruistische – 71, 135
 dauerhafte – 75 ff., 81 f.
 freundschaftliche – 77
 leidenschaftliche – 40, 42, 67, 71, 75, 80 ff., 135
 romantische – 76 f., 135, 148
 spielerische – 74
Liebesstile 135 f.
Limbisches System 40
LI-SS-IT 143
Logotherapie 118
Lubrikation 64
Ludus 74, s.a. Liebe, spielerische

Machismus 24 f., 35, 37
Mania 74 f. 135, s.a. Eifersucht
Masturbation 58, 96 f.
Matriarchat 27–32, 37, 147
Mediation 144
Meskalin 149
Monogamie 26, 30, 37, 145, 148
Moral
 konventionelle – 50, 55
 postkonventionelle – 50, 55
 pragmatische – 49
 präkonventionelle – 49 f., 55
 präsoziale – 49
Moralische Reifung 35, 49 f.

Morphogenese 86
Morphostase 86

Nähe und Distanz 102, 106
Nebenbeziehungen 12 f., 72, 139, 147
Nicht-Trivialität 20, 22
Nymphomanie 65

Objektebene 131
Objektstufe 133
Ordnung durch Fluktuation 22
Orgasmen, innere 98
Orgasmus 58–66, 73, 95 f., 98

Paradoxe Interventionen 89 ff., 118
Patriarchat 28, 30 ff., 35, 37, 75, 147
Penisneid 58
Phimose 65
Plateauphase 63
Polyandrie 25 f.
Polygamie 26, 31, 37, 57, 145
Polygynie 25 f., 30, 37
Pragma 74, 135, s.a. Liebe, pragmatische
Prävention 144
Primärprozeß 121, 131
Primaten 26, 36, 57
Problemlösegespräche 100, 103–106, 108, 113
Problemlösetraining 109, 137
Projektion 68
Prostata 59 f.
Prostituierte 30
Psilocybin 149

Quetschtechnik 96 f.

Refraktärphase s. Resolutionsphase
Regeln 20, 24, 85–93
Regelsystem 93
Regression 125
Reproduktionsphase 41 f., 48 f., 53
Resolutionsphase 63–66
Resonanz 127
Reziprozität 79, 82, 142
Rückkopplung 101 f.

Satyrismus 65
Scheidung 12, 78, 144 ff.
Selbstorganisation 20, 93
Selektionsstrategie 25
Sensate Focus 95 f.
Sequentielle Filter 81 f.
Sexpol-Bewegung 58
Sexualität 24 ff., 28 ff., 37, 56–66, 77, 85, 88, 90, 109, 120, 147
Sexualstörungen 57, 64–66, 94
Sexualtherapie 93–100, 142
Spiritualität 148 ff.
Spontanremission 15
Start-Stop-Zyklus 97
Storge 74, 135, s.a. Liebe, freundschaftliche
Streitgespräche 103, 110 f.
Subjektebene 131
Subjektstufe 133
Subsysteme 86, 149
Superiores Selbst 74, 121 f., 149
Symbiose 50, 54 f., 139, 149, s.a. Verstrickung
 aggressive – 51 f.
 harmonische – 51
Symptomverschreibung 91 f.

Tempelprostitution 29
Totemismus 34 f., 37
Transzendenz 49, 69
Träume 56, 130 ff.
Trennung 143 f., 148

Trennungswünsche 137 ff.
Triangulierung 106, 137

Übertragung 18
Umdeutung 89
Umstrukturierung 142
 rationale – 117 f.
Unbewußtes 17, 22, 56, 112 f., 122, 129, 133
Untreue 75, s.a. Nebenbeziehungen

Vaginismus 64 f., 96 ff.
Vatermord 35
Veränderung 16 f., 21, 24, 84, 86 f., 121
 Metatheorie der – 16, 18, 20 ff.
 Paradoxie der – 110
Verbindlichkeit 76 f., 82
Vergleichswert 80, 82
Verliebtheit 40, 42, 50, 68 ff.
Verstrickung 51, 134, 136
 feindselige – 137
 harmonische – 136

Weibliche Ejakulation 59 f., 63
Wirksamkeit von Therapien 15, 141 f.

Zirkularität 18
Zuhören, aktives 105 f.
Zwangsprozeß 79, 104, 114
Zwiebelschalenmodell 84
Zwiegespräche 103, 111 ff., 133